财务管理与会计核算

刘争艳　张秀秀　魏　玮◎著

中国纺织出版社

图书在版编目（CIP）数据

财务管理与会计核算 / 刘争艳，张秀秀，魏玮著. --北京 : 中国纺织出版社，2019.6 （2020.5 重印）
ISBN 978-7-5180-4138-1

Ⅰ. ①财… Ⅱ. ①刘… ②张… ③魏… Ⅲ. ①财务管理②会计 Ⅳ. ①F275②F23

中国版本图书馆CIP数据核字(2017)第237022号

责任编辑：韩　阳　　**责任印制：**储志伟
责任设计：林昕瑶

中国纺织出版社出版发行
地　　址：北京市朝阳区百子湾东里A407号楼　　**邮政编码：**100124
销售电话：010-67004422　　**传真：**010-87155801
http://www.c-textilep.com
E-mail：faxing@c-textilep.com
中国纺织出版社天猫旗舰店
官方微博http://weibo.com/2119887771
北京虎彩文化传播有限公司印刷　　各地新华书店经销
2019年6月第1版　2020年5月第7次印刷
开　　本：710×1000　1/16　　**印张：**12.5
字　　数：200千字　　**定价：**69.00元

前　言

财务管理与会计核算是将“财务管理”与“会计核算”两门课有机融合编写而成的，本书详细介绍了财务管理与会计核算的基本知识，通过实例，阐释财务管理与会计核算的具体方法。

本书介绍了财务管理中成本与费用、利润核算以及一些会计基础内容，同时也展示了财务管理与财政税收的联系。通过这些介绍，我们得到这样的启示：财务管理与会计核算需要不断适应社会变革，根据需求变化，不断提升和发展。

因作者水平有限，时间仓促，本书难免会有不足之处，请各位专家、读者不吝赐教。

刘争艳　张秀秀　魏玮　著

目　录

第一章

绪论

第一节 财务管理与会计核算的基本内容

一、财务管理的基本内容

（一）财务管理的中文字义

根据《现代汉语词典》的解释，“财”是钱和物资的总称，“务”是事情。因此，从中文字义去理解，财务就是“与钱和物资有关的事情”；财务管理就是“对与钱和物资有关的事情所进行的管理”。由此可见，财务管理的客体就是钱和物资及其有关的事情。国家、各类企事业机关单位乃至每一个家庭和个人都有各自的钱和物资，因此也都有各自的财务和财务管理，它们都是独立的财务管理主体。

（二）财务管理的定义

根据上述财务管理的中文字义，财务管理的客体就是钱和物资以及那些与钱和物资有关的事情；财务管理的主体就是那些能够独立拥有钱和物资的所有权或使用权的国家、公众、各类企事业机关单位以及每一个家庭和个人，这些组织或个人可以分别称为法人和自然人。至此，财务管理的主体和客体都已经明确，如果再把财务管理的行为找出来，就可以定义财务管理。根据财务管理的实践，一个法人或自然人在处理财务管理实务时，通常需要进行财务预测、财务决策、财务预算、财务核算、财务控制、财务分析、财务分配、财务审计、财务沟通和财务协调，因此，可以把财务管理的行为归纳为以上10种主要的行为。

基于“一个完整的财务管理定义，应该体现财务管理的主体、客体和行为”这个基本观点，结合上述财务管理的中文字义以及财务管理主体、客体和行为的确定，本书把财务管理的定义描述为：财务管理是法人或自然人对其合法拥有或依法控制的钱和物资进行有效地筹集和使用，并对筹集和使用过程中所发生的经济活动进行科学地预测、预算、核算、控制、分析和审计，同时对筹集和使用过程中所产生的经济利益进行合理分配，并对筹集和使用过程中所发生的经济关系进行妥善地沟通和协调的一项管理活动。

上述定义完整、清晰地体现了财务管理的主体、客体和行为。即财务管理的主体是法人和自然人，包括国家、社会公众、各类企事业机关单位以及每一个家庭和个人；财务管理的客体是钱和物资的筹集和使用过程及这个过程中发生的经济活动、产生的经济利益和发生的经济关系；财务管理的行为包括财务预测、财务决策、财务预算、财务核算、财务控制、财务分析、财务分配、财务审计、财务沟通和财务协调这10种主要的行为，其中，财务核算行为就是会计确认、计量、记录和报告的行为。这个定义明确表明了财务管理应该由“谁”（法人和自然人）去管、管“什么”（钱和物资的筹集和使用过程及其发生的经济活动、产生的经济利益和发生的经济关系）和“怎样”（财务预测、财务决策、财务预算、财务核算、财务控制、财务分析、财务分配、财务审计、财务沟通和财务协调）管，较之现有文献的定义更为科学和严谨。

财务管理是企业管理的重要组成部分，渗透到企业的各个领域、各个环节之中。财务管理直接关系到企业的生存与发展，从某种意义上说，财务管理是企业可持续发展的一个关键。然而，有些企业的财务管理则不尽人意。这些企业的财务管理存在两个误区：一是把财务管理简单化，认为财务管理只是财务部门的事，忽视其整体管理职能；二是财务部门完全听命于“老板”，忽视财务管理自身的规律性与相对的独立性。

现就企业财务管理中的投资管理、资金管理、财务监督管理、利润分配管理等问题作出讨论。

1.现代企业制度与财务管理

财务管理是社会生产力发展的结果，大约在15—16世纪，地中海沿岸一带的城市商业得到了迅速发展，初期的股份制公司的出现要求财务管理作为企业的一种组织形式诞生了。但这个时期的财务管理还仅仅只是企业管理中的一个附属部分，还没有自己的独立职能，也缺乏财务管理理论和实践经验，因此，这只能是财务管理的萌芽时期。到了19世纪50年代以后，随着西方产业革命进入完成时期，随着股份制公司的不断扩大与逐渐完善，为了适应怎样筹集资本、发行股票，怎样分配利润的需要，才产生了专业化的财务管理。

我国企业管理和理财的发展应该说是走过弯路、付出了相当的代价的。在计划经济时代，我国的企业管理与财务管理不是以追求企业效益为目标，收益分配是按劳分配口号下的平均主义。改革开放以后，特别是1993年以来，党中央十四届三中全会明确提出了国有企业的改革方向是“建立现代企业制度和实行科学的企业管理（财务管理）”，财务管理才被重视起来。目前，国有企业正在加快企业改制工作，单一的国有企业正朝着投资主体多元化的股份制混合型经济形式发展，经营者与企业职工持股使国有企业和广大员工真正成为一个命运共同体。国有企业转换经营机制之后，将成为真正的市场竞争主体与法人治理实体。国有企业建立现代企业制度与国有企业改制，对财务管理提出了更迫切、更高的要求。

2.当好参谋，把好企业投资决策关

决策是企业管理中一项最为重要的工作。决策是有成本的，这一点容易被人忽视。例如，一个正确的决策为企业盈利100万元，如果失去了机遇，没有做出及时的决策，这个决策成本就是100万元；如果做出了一个错误的决策，不仅没有赚到100万元，反而亏损了100万元，那么，这个错误的决策成本就是200万元。因此，决策也必须讲成本控制。

投资决策是企业所有决策中最为关键、最为重要的决策，因之我们常说：

投资决策失误是企业最大的失误，一个重要的投资决策失误往往会使一个企业陷入困境，甚至破产。因此，财务管理的一项极为重要的职能就是为企业当好参谋，把好投资决策关。

投资是指投放财力于一定的对象，以期望在未来获取收益的经济行为。投资有很多种类：从投资回收的时间划分，有长期投资和短期投资；从投资的方向来看，有对内投资和对外投资；以投资对企业前途的影响为依据，可分为战略性投资与战术性投资，以及初创投资与后续投资，确定性投资与风险投资，相关性投资与非相关性投资等等。这些分类是从逻辑划分的二分法划分出来的，每一种投资本身就具有多种类型的性质与特点，例如一项长期投资本身，它既可能是战略性投资，又可能是风险性投资等等。因此，我们在考虑投资时必须把好以下“四关”。

（1）把好经济行为关。必须明确投资是一项经济行为，必须从经济规律中去寻找依据，从而做出正确的投资决策。笔者调查过若干个国有企业不少失误的投资决策，其中一个很大的失误原因是没有从经济规律本身去决策，而是从“政治”“人际关系”等因素轻率地做出了投资决策。例如，一个国有企业的董事会听命于某位上级首长的“暗示”，给上级的老首长的儿子的一个公司投资300万元，结果是“肉包子打狗”，有去无回；又例如，一个很成功的国有企业的总经理，为了回报他的故乡，强行主张在他的故乡投资500万元办厂，而他的故乡却不具备办这种工厂的条件，结果厂是办成功了，却年年亏损，成了故乡的“沉重包袱”。甚至还有国有企业的负责人把国有资产随意地投资给自己的亲戚朋友和身边的人，严格地说，这已经是一种腐败行为，是一种犯罪。这一种投资方式在调查的投资决策失误中竟占了40%左右，是一种十分值得重视的现象。另一种投资决策失误是投资决策者本人素质差，官僚主义，独断专行，不懂经济规律而做出的决策。这种投资方式在调查的投资决策失误中约占50%。

（2）把好调查研究关，严格按国际惯例办事，依法办事。投资决策是一个过程。在做出投资决策之前，必须深入进行调查研究，进行可行性分析，否则不能轻易投资。特别是对外投资，即企业以现金、实物、无形资产等方式，或者以股票、证券等有价证券方式向其他单位投资，一定要按国际惯例办事，确保投资方的资信、财力等诸多方面有可靠的证明。合同要严格把关，符合有关法律手续，切不可留有隐患。

（3）把好投资管理程序关，做到投资决策科学化与民主化。不同种类的投资都有自身的特点，从而有不同的管理程序，需经不同的部门审批。例如，有的投资，总经理个人可以做出决策，有的投资需经董事会批准，而有的投资则需报上级部门审批。

（4）把好成本控制、风险与收益关。投资的目的是要有效益，要赚钱，因此必须实行投资成本控制；要有风险意识，尽力规避风险；投资要有效益，还得及时回收，以确保投资成功。

3.管好资金，确保企业资金流通与安全

目前，不少企业在资金管理中存在三个问题：一是资金入不敷出，存在资金缺口；二是资金被挪用、被挤占；三是叫人头疼的“三角债”。如何解决好这三个问题，是企业财务管理中的当务之急。

当然，首先，要开源节流，增收节支；其次，要通过短期筹款和投资来调剂资金的余缺；第三，必须对资金实施跟踪管理，做到专款专用，防止资金被挪用和形成新的“三角债”。

4.充分发挥财务监督作用，确保国有资产保值增值

完善企业法人治理结构是目前国有企业改制的一个重大课题。企业要真正成为市场经济中的竞争主体和责权明确的法人实体，必须要有一套与之相适应的激励机制。建设一个团结、开拓、廉洁的领导班子是搞好国有企业的关键。从防止腐败着想，企业必须加强监督作用。正如交通规则一样，没有红灯的约束，就没有绿灯的自由。在企业约束机制之中，充分发挥财务监督作用具有特别重要的

意义。财务工作者要有高度的责任感，对于不按财务制度办事的人，要敢于抵制，直至向上级反映情况。国有企业的财务人员从根本上说，是对国有资产负责，而不是对某个具体的总经理负责。而从法治上说，又必须保护财务人员的职责与个人权益，也只有这样，才能充分发挥财务监督作用。

目前，国有企业实行财务主管下管一级的制度是行之有效的。直属企业的财务负责人由上一级主管部门、企业直接委派，其组织关系、工资福利在上一单位，这样他就能无后顾之忧地行使财务监督作用。

5.新形势下的利润分配管理

利润分配是企业根据国家有关规定和投资者的决议对企业净利润所进行的分配。利润分配在企业中起到杠杆作用，它对正确处理企业与各方面的经济关系，调动各方面的积极性，促进企业发展，有着极其重要的意义。

（三）财务管理学科的范畴和地位

1.学科范畴：一个“大财务管理学科”的框架

根据中文的字义，财务管理是对与钱和物资有关的事情所进行的管理。国家、社会公众、各类企事业机关单位、每一个家庭和个人都有自己的钱和物资，都需要进行财务管理。因此，中国应当构建一个包括国家财务管理、公众财务管理、单位财务管理、家庭及个人财务管理在内的具有中国特色的“大财务管理学科”。此外，根据上述关于财务管理与传统的会计、审计、财政、税收、金融之间关系的论述，这个“大财务管理学科”还应该包括传统的会计、审计、财政、税收、金融等学科。

具体地说，可以从以下三个方面来认识财务管理的学科范畴。

①从财务管理的主体来看，财务管理的学科范畴主要包括宏观财务管理学和微观财务管理学。其中，宏观财务管理学包括国家财务管理学（如财政学、税收学、金融学等）和公众财务管理学（如社会保障学等）；微观财务管理学包括行政事业单位财务管理学、企业财务管理学、其他非营利组织财务管理学、家庭

以及个人财务管理学等。

②从财务管理的客体来看，财务管理的学科范畴主要包括钱和物资的流量管理学（如融资管理学、投资管理学、收入管理学、成本费用管理学等）、钱和物资的存量管理学（如资产管理学等）、钱和物资的经济利益管理学（如薪酬管理学、纳税管理学、利润管理学等）以及钱和物资的经济关系管理学。

③从财务管理的行为来看，财务管理的学科范畴主要包括财务预测学、财务决策学、财务预算学、财务核算学、财务控制学、财务分析学、财务分配学、财务审计学、财务沟通学和财务协调学。

2.学科地位：管理学门类的一级学科

根据国务院学位委员会1997年颁布的《授予博士、硕士学位和培养研究生的学科、专业目录》（以下简称“学科、专业目录”），财务管理学科隶属于管理学门类、工商管理一级学科、企业管理二级学科。

可见，在这个“学科、专业目录”中，财务管理学科的地位非常低下，与基于中文字义的财务管理定义极不相称，更与基于中文字义的“大财务管理学科”框架相去甚远。相反，该“学科、专业目录”却把本属于“大财务管理学科”分支学科的会计学与企业管理并列为二级学科，同时把本属于“大财务管理学科”分支学科的财政学（含税收学）、金融学（含保险学）归到经济学门类中的应用经济学一级学科之下作为其二级学科。这种学科分类体系脱离了基于中文字义的财务管理定义，制约了中国财务管理学科的建设和发展。

为了还财务管理学科一个合理的地位，笔者认为：应当在管理学门类之下设置财务管理一级学科，并把财政学（含税收学）、金融学（含保险学）、会计学都归到财务管理一级学科门类下，按照宏观财务管理学和微观财务管理学的格局重新划分二级学科及其所包括的主要学科知识。具体的分类层级建议如下。

学科门类：管理学。

一级学科：财务管理学。

二级学科1：宏观财务管理学，主要包括国家财务管理学（包含国家财政、国家税收、国家金融、国家会计、国家审计等学科知识）和公众财务管理学（包含社会保障等学科知识）。

二级学科2：微观财务管理学，主要包括企业（包含金融企业）财务管理学、行政事业单位财务管理学、其他非营利组织财务管理学、家庭及个人财务管理学以及企业（包含金融企业）会计、行政事业单位会计、其他非营利组织会计、社会审计、内部审计等学科知识。

二、会计核算的基本内容

会计核算（financial accounting），是会计工作的基本职能之一，是会计工作的重要环节。会计核算也称会计反映，是以货币为主要计量尺度，对会计主体的资金运动进行反映。它主要是指对会计主体已经发生或已经完成的经济活动进行的事后核算，也就是会计工作中记账、算账、报账的总称。合理地组织会计核算形式是做好会计工作的一个重要条件，对于保证会计工作质量、提高会计工作效率，正确、及时地编制会计报表，满足相关会计信息使用者的需求具有重要意义。

（一）概念说明

会计核算以货币为主要量度，对企业、机关、事业单位或其他经济组织的生产经营活动或预算执行的过程与结果进行连续地、系统地记录，定期编制会计报表，形成一系列财务指标、成本指标，据以考核经营目标或计划的完成情况，为经营决策的制订和国民经济计划的综合平衡提供可靠的信息和资料。其基本方法主要有设置账户和账簿、复式记录、填制和审核凭证、登记账簿、成本计算、财产清查和编制会计报表等。

（二）核算制度

会计核算是以货币为计量单位，运用专门的会计方法，对生产经营活动或者预算执行过程及其结果进行连续、系统、全面地记录、计算和分析，定期编制并提供财务会计报告和其他一系列内部管理所需的会计资料，为作出经营决策和宏观经济管理提供依据的一项会计活动。会计核算往往渗透到生产经营和业务活动的全过程，包括对经济业务事项的事前预测、事中控制和事后核算。《会计法》所规范的会计核算，主要限于事后核算方面的内容，即对基本的会计核算方法和程序作出规定，而没有过多涉及事前预测、事中控制等管理会计的内容，目的是增强法律规定的适应性。

正所谓“人生在勤，不索何获”？ 会计从业资格考试是一项职业入门考试，虽然考试整体难度不大，但也需考生花费一定的时间和精力。考试并不是想象中那么难，现在很多的伙伴是依靠自己自学，但是最主要的还是要有人指导；如果自己摸索，会花费很多的时间而且搞不懂真正想要理解的东西，最终浪费了时间，而且自己没有掌握到真正的知识；扪心自问一下，自己是不是这样呢？根据新《会计从业资格管理办法》，现有的“会计从业资格证书审批”将由承诺件转为即办件，不需再提交相关资料进行审核，在通过会计从业资格考试后，凭身份证在6个月内可以直接领取会计从业资格证书；“会计从业资格证书信息化调转”、“会计从业资格证书档案信息变更”等公共服务事项的办理程序及相关申请材料将大大简化，办事群众将体验到更加便民的服务。此外，海南财政厅也将增加一项“会计从业资格证书遗失毁损补发”行政审批事项。

修订后的《会计法》对会计核算的基本要求主要体现在三个方面。

一是对会计核算依据的基本要求。《会计法》第九条规定：“各单位必须根据实际发生的经济业务事项进行会计核算，填制会计凭证，登记会计账簿，编制财务会计报告。任何单位不得以虚假的经济业务事项或者资料进行会计核算。”以实际发生的经济业务事项为依据进行会计核算，是会计核算的重要前提，是填制会计凭证、登记会计账簿、编制财务会计报告的基础，是保证会计资料质量的关键。没有经济业务事项，会计核算也失去了对象；以不实甚至虚拟的经济业务事项为核算对象，会计核算就成了没有规范、没有约束、没有科学可言的“魔术”手段，据此提供的会计资料不仅没有可信度，相反会误导使用者，侵害利益相关者的利益，扰乱社会经济秩序。

二是对会计资料的基本要求。《会计法》第十三条规定：“会计凭证、会计账簿、财务会计报告和其他会计资料，必须符合统一的会计制度的规定。任何单位和个人不得伪造、变造会计凭证、会计账簿及其他会计资料，不得提供虚假的财务会计报告。”会计资料是记录会计核算过程和结果的重要载体，是反映单位财务状况和经营成果、评价经营业绩、选择合作对象、进行投资决策的重要依据。规范会计资料的国家统一的会计制度比较多，主要有《会计基础工作规范》《会计档案管理办法》以及财政部发布的一系列会计准则、会计核算制度等。针对实际工作中存在的伪造、编造会计资料和提供虚假会计资料的情况，《会计法》从法律的角度，对此作出了限制性、禁止性规定。

三是对会计电算化的基本要求。《会计法》第十三条规定：“使用电子计算机进行会计核算的，其软件及其生成的会计凭证、会计账簿、财务会计报告和其他会计资料，也必须符合国家统一的会计制度的规定。”这是为保证计算机生成的会计资料真实、完整和安全，以加强对会计电算化工作的规范。其有两层含义：1.使用电子计算机进行会计核算的单位，使用的会计软件必须符合国家统一的会计制度的规定；2.用电子计算机生成的会计资料必须符合国家统一的会计制度的要求。即用电子计算机生成的会计凭证、会计账簿、财务会计报告在格式、内容以及会计资料的真实性、完整性等方面，都必须符合国家统一的会计制度的规定。

（三）运用方法

会计核算方法是对会计对象（会计要素）进行完整的、连续的、系统的反映和监督所应用的方法，主要包括以下七种。

1.设置会计科目

设置会计科目是对会计对象的具体内容分类进行核算的方法。所谓会计科目，就是对会计对象的具体内容进行分类核算的项目。设置会计科目就是在设计会计制度时事先规定这些项目，然后根据它们在账簿中开立账户，分类地、连续地记录各项经济业务，反映由于各经济业务的发生而引起的各会计要素的增减变动情况和结果，为经济管理提供各种类型的会计指标。

2.复式记账

复式记账是与单式记账相对称的一种记账方法。这种方法的特点是对每一项经济业务都要以相等的金额，同时记入两个或两个以上的有关账户。通过账户的对应关系，可以了解有关经济业务内容的来龙去脉；通过账户的平衡关系，可以检查有关业务的记录是否正确。

3.填制和审核凭证

会计凭证是记录经济业务、明确经济责任的书面证明，是登记账簿的依据。凭证必须经过会计部门和有关部门审核。只有经过审核并认为正确无误的会计凭证，才能作为记账的根据。填制和审核会计凭证，不仅为经济管理提供真实可靠的数据资料，也是实行会计监督的一个重要方面。

4.登记账簿

账簿是用来全面、连续、系统地记录各项经济业务的簿籍，是保存会计数据资料的重要工具。登记账簿就是将会计凭证记录的经纪业务，序时、分类地记入有关簿籍中设置的各个账户。登记账簿必须以凭证为依据，并定期进行结账、对账，以便为编制会计报表提供完整而又系统的会计数据。

5.成本计算

成本计算是指在生产经营过程中，按照一定对象归集和分配发生的各种费用支出，以确定该对象的总成本和单位成本的一种专门方法。通过成本计算，可以确定材料的采购成本、产品的生产成本和销售成本，可以反映和监督生产经营过程中发生的各项费用是否节约或超支，并据以确定企业经营盈亏。

6.财产清查

财产清查是指通过盘点实物、核对账目，保持账实相符的一种方法。通过财产清查，可以查明各项财产物资和货币资金的保管和使用情况，以及往来款项的结算情况，监督各类财产物资的安全与合理使用。在清查中，如发现财产物资和货币资金的实有数额与账面结存数额不一致，应及时查明原因，通过一定审批手续进行处理，并调整账簿记录，使账面数额与实存数额保持一致，以保证会计核算资料的正确性和真实性。

7.编制会计报表

会计报表是根据账簿记录定期编制的，总括反映企业和行政事业单位特定时点（月末、季末、年末）和一定时期（月、季、年）财务状况、经营成果以及成本费用等的书面文件。会计报表提供的资料，不仅是分析考核财务成本计划和预算执行情况及编制下期财务成本计划和预算的重要依据，也是进行经济决策和国民经济综合平衡工作必要的参考资料。上述各种会计核算方法相互联系、密切配合，构成了一个完整的方法体系。在会计核算方法体系中，就其工作程序和工作过程来说，主要是三个环节：填制和审核凭证、登记账簿和编制会计报表。在一个会计期间，所发生的经济业务都要通过这三个环节进行会计处理，将大量的经济业务转换为系统的会计信息。这个转换过程，即从填制和审核凭证到登记账簿，直至编出会计报表的周而复始的变化过程，就是一般称谓的会计循环。其基本内容是：经济业务发生后，经办人员要填制或取得原始凭证，经会计人员审核整理后，按照设置的会计科目，运用复式记账法，编制记账凭证，并据以登记账簿；要依据凭证和账簿记录，对生产经营过程中发生的各项费用进行成本计算，并依据财产清查对账簿记录加以核实，在保证账实相符的基础上，定期编制会计报表。

会计核算是会计工作的基础，会计核算必须遵守《中华人民共和国会计法》和有关财务制度的规定，符合有关会计准则和会计制度的要求，力求会计资料真实、正确、完整，保证会计信息的质量。《中华人民共和国会计法》明确规定，下列事项必须办理会计手续，进行会计核算：

（1）款项和有价证券的收付。

（2）财物的收发、增减和使用。

（3）债权债务的发生和结算。

（4）基金的增减和经费的收支。

（5）收入、费用、成本的计算。

（6）财务成果的计算和处理。

（7）其他需要办理会计手续、进行会计核算的事项。

（四）职能相关

现代会计的核算职能不仅仅是对经济活动进行事后反映，还包括事前核算、事中核算和事后核算。事前核算的主要形式是进行预测，参与计划，参加决策；事中核算的主要形式是干预经济活动；事后核算的主要形式是记账、报账、算账。

（五）从业资格

会计从业证是会计人员从事会计工作的必备资格，从事会计行业人员所必须的唯一合法的有效证件，是会计人员进入会计行业的门槛。属地管理，全国通用。会计从业资格证也是考会计职称的前提条件。

（六）内容要求

会计核算的内容，是指应当及时办理会计手续、进行会计核算的会计事项。《会计法》对会计核算的基本内容作过规定，《会计基础工作规范》第三十七条重申了《会计法》的这一规定，即要求对下列会计事项，必须及时办理会计手续、进行会计核算。

1.款项和有价证券的收付

款项是作为支付手段的货币资金。可以作为款项收付的货币资金，包括现金、银行存款和其他货币资金，如外埠存款、银行汇票存款、银行本票存款、在途货币资金、信用证存款、保函押金和各种备用金等。有价证券是具有一定财产权利或者支配权利的票证，如股票、国库券、其他企业债券等。

款项的收付是经常发生的，在有的单位其发生额还很大。有价证券收付的频繁程度在多数单位要低一些，但发生额一般都比较大。款项和有价证券收付的业务涉及到较易受损的资产，绝大部分业务本身又直接造成一个单位货币资金的增减变化，影响单位的资金调度能力，所以通常要求进行严密、及时和准确的核算。实际工作中在这方面存在的突出问题是，有的单位款项收付未纳入单位的统一核算，而是转入了“小金库”；或者单位资金管理失控，被非法挪用，甚至发生贪污、抽逃等问题。因此，必须加强对款项、有价证券的管理，建立健全内部控制等管理制度。

2.财物的收发、增减和使用

财物是一个单位用来进行或维持经营管理活动的具有实物形态的经济资源，包括原材料、燃料、包装物、低值易耗品、在产品、自制半成品、产成品、商品等流动资产和机器、机械、设备、设施、运输工具、家具等固定资产。

财产物资在许多单位构成资产的主体，并在资产总额中占有很大比重。财物的收发、增减和使用业务，是会计核算中的经常性业务，有关的核算资料往往是单位内部进行业务成果考核、控制和降低成本费用的重要依据。此外，财务会计核算还对各种财产物资的安全、完整有重要作用。对国有企业、事业行政单位来说，这也是保护国家财产的一个重要关口。但在有的国有单位，这个关口的职能被大大削弱，经常发生国家财产被毁损、浪费，或者被不法分子侵吞，造成了国有资产的浪费和严重流失。作为会计人员，应当加强对财产物资的核算和管理。

3.债权债务的发生和结算

债权是一个单位收取款项的权利，包括各种应收和预付的款项。债务则是一个单位需要以其货币资金等资产或者劳务清偿的义务，包括各项借款、应付和预收款项以及应交款项等。

债权和债务都是一个单位在自己的经营活动中必然要发生的事项。对债权债务的发生和结算的会计核算，涉及单位与其他单位以及单位与其他有关方面的经济利益，关系到单位自身的资金周转；同时从法律上讲，债务还决定一个企业的生成问题，因而债权债务是会计核算的一项重要内容。会计基础工作薄弱的单位，往往不能正确、及时办理债权债务的会计核算，使单位的信誉和经济利益蒙受损失。也有的单位利用应收应付款项账目隐藏、转移资金、利润或费用，涉嫌违法乱纪。对此问题，会计人员必须进行制止和纠正。

4.资本、基金的增减

资本一般是企业单位的所有者对企业的净资产的所有权，因此亦称所有者权益，具体包括实收资本、资本公积、盈余公积和未分配利润。基金主要是指机关、事业单位某些特定用途的资金，如事业发展基金、集体福利基金、后备基金等。

资本、基金的利益关系人比较明确，用途也基本定向。办理资本、基金增减的会计核算，政策性很强，一般都应以具有法律效力的合同、协议、董事会决议或政府部门的有关文件等为依据，切忌盲从单位领导人个人或其他指示人未经法定程序认可或未办理法定手续的任何处置意见。

5.收支与成本费用的计算

收入是一个单位在经营活动中由于销售产品、商品，提供劳务、服务或提供资产的使用权等取得的款项或收取款项的权利。支出从狭义上理解，仅指行政事业单位和社会团体在履行法定职能或发挥特定的功能时所发生的各项开支，以及企业和企业化的事业单位在正常经营活动以外的支出或损失；如从广义上理解，支出是一个单位实际发生的各项开支或损失。费用的涵义比支出窄，通常使用范围也小一些，仅指企业和企业化的事业单位因生产、经营和管理活动而发生的各项耗费和支出。成本一般仅限于企业和企业化的事业单位在生产产品、购置商品和提供劳务或服务中所发生的各项直接耗费，如直接材料、直接工资、直接费用、商品进价以及燃料、动力等其他直接费用。

收入、支出、费用、成本都是重要的会计要素，体现着对一个单位的经营管理水平和效率从不同角度进行的度量，是计算一个单位经营成果及其盈亏情况的主要依据。对这些要素进行会计核算的特点，是连续、系统、全面和综合。在实际工作中，问题突出的有虚报收入（人为压低或拔高）、虚列支出和乱挤乱摊成本、费用等。这已成为严重影响会计信息质量的根源之一，会计人员有责任制止和纠正这种现象的继续发生。

6.财务成果的计算和处理

财务成果主要是企业和企业化的事业单位在一定的时期内通过从事经营活动而在财务上所取得的结果，具体表现为盈利或是亏损。

财务成果的计算和处理，包括利润的计算、所得税的计算和利润的分配（或亏损的弥补）等，这个环节上的会计核算主要涉及所有者和国家的利益。在实际工作中存在的问题，主要是“虚盈实亏”和“虚亏实盈”，一般视单位的所有制性质而异，呈典型的利益驱动倾向，其共同特点是损害国家或社会公众利益，是一种严重的违法行为。

7.其他会计事项

其他会计事项是指在上述六项会计核算内容中未能包括的、按有关法律法规或会计制度的规定或根据单位的具体情况需要办理会计手续和进行会计核算的事项。单位在有这类事项时，应当按照各有关法律、法规或者会计制度的规定，认真、严格办理有关会计手续，进行会计核算。

（七）其他要求

对会计核算的其他要求，《会计基础工作规范》从第三十八条至第四十六条作出了规定。这些规定是对《会计法》中有关规定的延伸和扩充，也是对《企业会计准则》以及各行业会计制度中有关会计核算的共性要求的概括和重申。在当前，强调这些基本规范有非常现实的意义，因为会计工作中存在的许多问题都直接与这些基本规范相悖。同时，这些基本规范是良好的会计工作秩序的必要前提，是否遵循这些基本规范对会计核算的质量影响极大。

1.会计核算依据和处理方法

《会计基础工作规范》第三十八条规定："各单位的会计核算应当以实际发生的经济业务为依据，按照规定的会计处理方法进行，保证会计指标的口径一致、相互可比和会计处理方法的前后各期相一致。"这一规定主要体现了以下几点要求。

（1）真实性与客观性要求。

会计核算应当以实际发生的经济业务为依据，体现了会计核算的真实性和客观性要求。其具体要求是根据实际发生的经济业务，取得可靠的凭据，进行准确的核算，形成符合质量标准的会计信息。以实际发生的经济业务为依据来进行会计核算，本来不应该是问题，如果不以实际发生的经济业务为依据，整个会计核算就失去了存在的意义，或者说还不如没有会计核算。但在现实生活中，基于不同的目的和需要，伪造或变造会计凭证、会计账目和会计报表，篡改会计数据，真账假算或假账真算等问题时有发生。这对会计基础工作造成了极大的冲击，使社会在一定的程度上对会计信息产生"信任危机"。令人欣慰的是，不少会计人员为了维护会计核算的真实性和客观性，在面临比较艰难的处境时，仍保持了应有的职业道德，以不懈的努力，使会计信息的整体质量基本得到了保证。

（2）合法性要求。

会计核算的合法性要求，即是按照规定的会计处理方法对所发生的经济业务进行会计核算。对会计处理方法的规定，主要来自国家统一的会计制度，包括财政部发布的《企业会计准则》《事业单位会计准则》以及各行业或单位会计制度等。对会计处理方法作出规定，是国际惯例；减少企业在会计处理方法上的选择余地，是当今世界在规定会计处理方法中的趋势。这都是基于同样的考虑，即是增强会计指标的可比性，使不同单位之间的横向比较有较强的经济涵义，为改善经营管理和作出理性的投资决策提供价值较高的依据。在会计核算中不执行规定的处理方法是十分有害的，如折旧应提不提，利息应计不计，财产损失应处理不处理，销售收入应确认不确认，成本费用应列不列、该转不转或不该转的反倒转了等，因此形成的会计信息不仅不能为管理或决策所用，反而会对管理或决策产生严重误导，而且这样做本身会损害投资人和国家的利益。

（3）一致性要求。

会计处理方法的前后各期相一致，是会计核算的一致性的要求。一个单位在对其不同时期所发生的经济业务进行会计核算时，要在处理方法上保持一致，这可以增强这个单位的会计指标在纵向上的可比性，这种可比性仍是改善经营管理和作出理性的投资决策所需要的。一致性要求一个单位的会计处理方法必须保持稳定，但并不意味着这个单位的会计处理方法必须自始至终一成不变。在客观经济环境发生变化、改善经营管理需要或会计技术发展需要时，一个单位是可以也允许改变其会计处理的方法的。在发生这种变动时，重要的是必须按照有关法规或会计制度的要求在财务报告中予以说明，以便会计信息的使用人了解这种会计处理方法变动的影响。实际工作中在这方面存在的问题，一是会计处理方法变动不按规定进行，钻在一定的情况下允许会计处理方法变动的空子，人为地操纵成本、费用、收入和利润等会计指标；二是在会计处理方法变动后不按规定进行说明，掩盖真实的财务状况和经营情况，误导会计信息的使用者。这些行为是与会计人员的职业道德相违背的，严重的还可能触犯刑律，构成刑事犯罪。

2.会计年度

根据《会计法》的规定，《会计基础工作规范》第三十九条重申，各单位的“会计年度自公历一月一日起至十二月三十一日止”。

会计年度是在会计核算中划定的会计期间，通常以公历年度的12个月份为一个会计年度。确定会计年度是会计核算的持续经营和权责发生制基本假定的要求，其目的在于，当一个单位的生产经营或业务管理活动在可以预见的将来会持续不断地进行下去的时候，为了能够及时了解这个单位的净收益、经营收支结果或预算执行情况，要人为地按照一个相等的会计期间进行财务决算，以便对该会计期间的经营管理活动加以总结，对所取得的财务成果进行分配和对不同会计期间的财务成果进行分析比较。只有确定了会计年度，才能分清本期与他期，才能建立起应收与应付、预收与预付和待摊与预提等概念，使会计核算的精度大大提高。会计年度可以按照单位的经营周期确定，也可以按照单位的纳税年度确定，还可以按照国家的财政年度确定，依单位的性质和法律上的要求而定。由于《会计法》及其他有关法律都对会计年度作出了明确的具体规定，各单位在会计年度的确定上不享有选择的权利。但有的单位只在形式上遵守有关会计年度的法律规定，他们或者是提前或推迟确认收入，或者是推迟或提前计列费用，人为地进行收入和成本费用的跨年度调节，实际上已构成违反有关会计年度的法律规定的行为。

为了会计核算和经营管理的方便，在会计年度内，一般还需按照季度和月份进行结账和编制财务报告，以便更及时地提供会计信息。

3.记账本位币

《会计基础工作规范》第四十条关于记账本位币的规定，在《会计法》规定的基础上作了扩充：“会计核算以人民币为记账本位币。收支业务以外国货币为主的单位，也可以选定某种外国货币作为记账本位币，但是编制的会计报表应当折算为人民币反映。境外单位向国内有关部门编制的会计报表，应当折算为人民币反映。”货币计量是会计核算的基本假定之一，对记账本位币的规定实际上是对货币计量的基本尺度的规定。一个单位应以本国的法定货币作为其记账货币是不言而喻的。确定人民币为各单位会计核算的记账本位币，是因为人民币是中国的法定货币，是中国境内各项经济活动中唯一允许采用的支付手段，因而具有最为广泛的适用性；以人民币为统一口径的会计信息，其相关成本因而也最低。随着对外开放的逐步扩大，外商投资企业在中国越来越多，企业对外投资或在海外上市也日益增多，中国的对外贸易和合作更是发展迅速，人民币以外货币的收支业务在许多单位的日常会计核算中明显增加，从而引出了记账货币的问题。对此，《会计法》和《会计基础工作规范》都作了适应性规定，以满足收支业务以外国货币为主的单位的会计核算需要。

4.会计科目

《会计基础工作规范》第四十一条在《会计法》规定的原则上，对各单位会计科目的设置和使用充实了较多的灵活性。其具体内容为：“各单位根据国家统一会计制度的要求，在不影响会计核算要求、会计报表指标汇总和对外统一会计报表的前提下，可以根据实际情况自行设置和使用会计科目。”会计科目是按照会计要素的具体构成进行进一步科学分类而确立的会计核算项目。国家统一的行业或单位会计制度，一般都对会计科目以及明细科目的设置、科目名称、主要核算内容和基本业务的核算方法等作出规定。

这些规定是各单位进行会计科目设置和使用的依据。同时，由于会计核算手段的进步和经营管理工作的强化，会计核算的细化不仅必要也有可能，但单位之间在经营管理的风格和要求上是有差异的，由此带来不同单位在会计科目设置和使用需要上的差异。因而，应该允许各单位在一定的条件下可以自行设置和使用会计科目，以便使会计核算更好地满足需要。

这个“一定的条件”就是“根据国家统一会计制度的要求”和“不影响会

计核算要求、会计报表指标汇总和对外统一会计报表”。在实际工作中，需要警惕只见“可以自行设置和使用会计科目”，不见“一定的条件”的倾向。一些单位擅自增减、合并会计科目，随意确定科目名称，任意改变核算内容，以及不遵守基本业务规定的核算方法的行为，应予制止和纠正。此外，基层单位在自主设置和使用会计科目中，还应注意本单位会计人员的素质应能与之相适应，即要使会计科目的设置和使用既能满足单位内部的需要，又能适应对外会计报表编报和会计指标汇总的需要。

《会计基础工作规范》第四十一条对事业行政单位会计科目的设置和使用作了例外规定：“事业行政单位会计科目的设置和使用，应当符合国家统一事业行政单位会计制度的规定。”财政部1997年7月17日发布的《事业单位会计制度》规定，事业单位应按该制度的规定设置和使用会计科目，不需用的科目可以不用。这主要是考虑到事业单位的会计核算应当符合国家宏观经济管理的要求，适应预算管理和有关方面了解事业单位财务状况及收支情况的需要，并有利于事业单位加强内部经营管理。

但该制度同时也规定，适用特殊行业会计制度的事业单位，可以不执行该制度；事业单位有关基本建设投资的会计核算，另按有关规定执行；已经纳入企业会计核算体系的事业单位，也可按有关企业会计制度执行。

5.会计资料

《会计基础工作规范》第四十二条规定：“会计凭证、会计账簿、会计报表和其他会计资料的内容和要求必须符合国家统一会计制度的规定，不得伪造、变造会计凭证和会计账簿，不得设置账外账，不得报送虚假会计报表。”这是对《会计法》规定的充实和重申，也是《会计基础工作规范》中为数不多的强制性规范之一。

所谓伪造会计凭证和会计账簿，是以虚假的经济业务为前提来编制会计凭证和会计账簿，旨在以假充真；变造会计凭证和会计账簿，是用涂改、挖补等手段来改变会计凭证和会计账簿的真实内容，以歪曲事实真相；设置账外账，是在按照规定设置的会计账簿之外，另外还设一套或多套会计账簿，将一项经济业务在不同的会计账簿上作出不同的反映；或者不通过规定的会计账簿进行一项经济业务的核算，而是在另设的会计账簿上予以反映，藉以隐瞒真实情况；报送虚假会计报表，是通过上述手段造成会计资料的内容不实或直接篡改报表上的数据，使会计报表虚假不实，用以误导会计信息的使用者。伪造、变造会计凭证和会计账簿，设置账外账以及编报虚假的会计报表等，都是严重的违法行为，它们直接或间接地导致隐匿收入、偷逃国家税收、转移国家资金，干扰经济发展和改革、助长腐败行为以至最终损害国家和社会公众的利益，因此必须坚决制止并纠正。

6.会计报表格式

《会计基础工作规范》第四十三条规定："各单位对外报送的会计报表格式由财政部统一规定"。这是对《会计法》规定的补充。

会计报表是会计核算工作的最终产品。单位对外报送的会计报表采用统一的格式，有利于不同单位会计指标的口径一致和相互可比，也有利于国家有关部门进行会计指标的汇总，同时还提供了衡量一个单位的会计核算工作质量的标准之一。

7.会计记录文字

《会计基础工作规范》第四十六条重申了《企业会计准则》关于会计记录文字的规定："会计记录的文字应当使用中文，少数民族自治地区可以同时使用少数民族文字。中国境内的外商投资企业、外国企业和其他外国经济组织也可以同时使用某种外国文字"。

文字是会计核算和所形成的各种会计记录中不可缺少的媒介。离开文字说明的数字是死的，只有与文字说明有机地结合起来，数字才成为有意义的会计信息，才能表明经济活动的性质和量的变化及结果。《会计基础工作规范》要求统一使用中文进行会计记录，是因为中文是中国的正式语言，使用中文进行会计记录有利于保证会计核算资料的统一性，这是大前提。在这个前提下，为了适应某种实际需要，少数民族的文字或某种外国文字也可以与中文同时使用；但如果只用某种少数民族的文字或某种外国文字而不是与中文同时使用，那就是不合规范的行为了。这与《规范》第四十条关于记账本位币的规定是有区别的。

8.会计核算的质量要求

会计信息是会计核算的成果，它通过编制财务会计报告提供给信息使用者。《企业会计准则—基本准则》第二章规定了会计信息质量要求，共八条，即客观性原则、相关性原则、明晰性原则、可比性原则、实质重于形式原则、重要性原则、谨慎性原则和及时性原则，现分述如下。

（1）可靠性。它是指企业应当以实际发生的交易或者事项为依据，进行会计确认、计量和报告，如实反映符合确认和计量要求的各项会计要素及其他相关信息，保证会计信息真实可靠、内容完整。这就要求会计核算资料所反映的财务状况和经营成果必须是完全真实的、正确的、全面的。

（2）相关性。相关性原则是指企业提供的会计信息应当与财务会计报告使用者的经济决策需要相关，有助于财务会计报告使用者对企业过去、现在或者未来的情况作出评价或者预测。随着企业经营机制的转换，企业所有权与经营权分离，所有权属于投资者，经营权属于企业本身。

（3）可理解性。可理解性原则是指企业提供的会计信息应当清晰明了，便于财务会计报告使用者理解和使用。这一原则对于会计信息的使用者来说至关重要，所以会计信息应尽量做到通俗易懂，简单明了；对重要的经济业务，在报告时还应用规范的文字加以说明，便于经营决策。

（4）可比性。可比性原则是指同一企业不同时期发生的相同或者相似的交易或者事项，应当采用一致的会计政策，不得随意变更。确需变更的，应当在附注中说明。不同企业发生的相同或者相似的交易或者事项，应当采用规定的会计政策，确保会计信息口径一致、相互可比。这个原则对会计信息质量有两个方面的要求，一方面是同一企业在不同会计期间的会计资料的计算和处理方法应前后一致。这是因为对同一类会计事项，可能有几种不同的计算和处理方法，用不同的方法计算和处理同一类会计事项，就可能得出不同的结果，这就会对企业财务状况和经营成果产生不同的影响，会计指标在不同的会计期间就会前后缺乏可比性。这就要求企业结合本身具体情况选用一种方法后，就应始终一贯地使用下去，不宜时常变更。但这也只是要求在一定时期内相对稳定，不是绝对不能变动，如必须变动，应在财务情况说明书中加以说明，便于信息使用者分析、比较。另一方面是不同企业对相同或者相似的交易或业务”，从运作机制上或者事项，应当采用规定的会计政策，确保会计信息口径一致、相互可比。这样就能保证不同所有制之间、不同部门之间、不同行业之间提供的会计指标口径一致，相互可比。这就能满足国家综合平衡和加强企业经营管理的需要。

（5）实质重于形式。实质重于形式原则是指企业应当按照交易或者事项的经济实质进行会计确认、计量和报告，不应仅以交易或者事项的法律形式为依据。比如，以融资租赁方式租入的固定资产，虽然从法律形式上来讲，企业并不拥有其所有权，但是由于租赁合同中规定的租赁期较长，租赁期结束时，承担企业有优先购买该资产的选择权，在租赁期内承租企业有权支配资产并从中受益，所以，从经济实质来看，企业能够控制其创造的未来经济利益，所以会计核算上将以融资租赁方式租入的固定资产视为企业的资产。

（6）重要性。重要性原则是指企业提供的会计信息应当反映与企业财务状况、经营成果和现金流量等有关的所有重要交易或者事项。这条原则要求企业对于那些重要的经济业务，应分别核算，单独反映，力求准确，并在财务报告中作重点说明。对于次要的会计事项可适当简化处理。重要性是一个相对概念，它与企业规模大小、企业性质都有一定的关系。由于严格的会计程序和详细的会计处理手续是费力而花钱的，在会计数据上区分重要与不重要，对不重要的事项允许作例外的灵活处理，是为了遵循“利益>成本”的原则，避免会计处理得不偿失，提高核算的经济效果。

（7）谨慎性。谨慎原则，也称稳健性原则，是指企业对交易或者事项进行会计确认、计量和报告应当保持应有的谨慎，不应高估资产或者收益、低估负债或者费用。也就是说，会计必须对预计收益和损失实事求是地认定，绝不能草率从事。必须明确，采用谨慎性原则，是要求企业以对人民负责的态度，慎重处理可能发生的收益和损失，以保证会计所提供的数据真实可靠；绝不允许借“谨慎”之名，弄虚作假，少计收益，多计损失，偷漏税收，将谨慎性原则作为隐瞒利润、调节盈利水平的手段。

（8）及时性。及时性原则是指企业对于已经发生的交易或者事项，应当及时进行会计确认、计量和报告，不得提前或者延后。日常发生的会计事项，及时处理是至关重要的，只有及时进行确认、计量和报告，才能及时提供各种会计指标，有利于有关部门迅速发现经营管理中的问题，及时采取改进经营管理的措施。否则，时过境迁，补救无方，会计将失去其在经营管理中应有的作用。

（八）主要特点

烽火猎头公司相关专家认为，会计的特点是指会计和其他经济核算的不同点。由于会计核算是会计的基本环节，会计的特点主要体现在会计核算方面，它有三个基本特点。

1.以货币为主要计量尺度，具有综合性

会计要反映和监督会计内容，需要运用多种计量尺度，包括实物尺度（如公斤、吨、件等）、劳动尺度（如工时、工日等）和货币尺度，并以货币尺度为主。实物尺度和劳动尺度能够具体反映各项财产、物资的增减变动和生产过程中的劳动消耗，对核算和经济管理都是必要的，但这两种尺度都不能综合反映会计的内容，而综合是会计的一个主要特点。会计以货币作为综合计量尺度，通过会计的记录就可以全面地、系统地反映和监督企业、行政单位和事业单位的财产物资财务收支、生产过程中的劳动消耗和成果，并计算出最终财务成果。所以，在会计核算过程中已经运用了实物尺度和劳动尺度进行记录，还必须以货币尺度综合地加以反映。

2.会计核算具有完整性、连续性和系统性

会计对经济业务的核算必须是完整、连续和系统的。所谓完整，是指会计核算对属于会计内容的全部经济业务都必须加以记录，不允许遗漏其中的任何一项。所谓连续，是指对各种经济业务应按其发生的时间，顺序地、不间断地进行记录和核算。所谓系统，是指对各种经济业务要进行分类核算和综合核算，并对会计资料进行加工整理，以取得系统的会计信息。

3.会计核算要以凭证为依据，并严格遵循会计规范

会计记录和会计信息讲求真实性和可靠性，这就要求企业、行政单位和事业单位发生的一切经济业务都必须取得或填制合法的凭证，以凭证为依据进行核算。在会计核算的各个阶段都必须严格遵循会计规范，包括会计准则和会计制度，以保证会计记录和会计信息的真实性、可靠性和一致性。

（九）不同种类

1.会计核算形式的种类

由于各单位的规模大小、经济业务和管理要求的不同，在选用会计核算形式时自然不能强求一律。根据会计工作的长期实践，根据具体登记会计总分类账的依据和方式的不同，形成了以下5种会计核算形式：

（1）记账凭证会计核算形式。

（2）科目汇总表会计核算形式。

（3）汇总记账凭证会计核算形式。

（4）多栏式日记账会计核算形式。

（5）日记总账会计核算形式。

2.会计核算形式的分类依据

以上5种会计核算形式有很多相同点，但也有区别。其主要的区别，即各自

的特点主要表现在登记总分类账的依据和方法不同。从总体上来分析，登记总分类账的方法可以分为两大类，即直接登记和汇总登记。直接登记是以记账凭证为依据直接登记总分类账的方法，记账凭证会计核算形式和日记总账会计核算形式则属于这一类；另一种则要求定期对记账凭证以一定的方式进行汇总，依据汇总后的资料登记总分类账，这样一定程度上简化了登记总分类账的工作，科目汇总表会计核算形式和汇总记账凭证会计核算形式则属于这一类。

多栏式日记账会计核算形式则综合了这两种方式的特点，对于现金和银行存款的收付业务，通过汇总登记的形式登记总分类账；而对于业务量不多的转账业务，则依据记账凭证直接登记总分类账；只有在转账业务也较多时，才以汇总的方式登记总分类账。

（十）集中核算

1.会计集中核算的主要做法

（1）撤销单位账户，设立会计核算账户。会计核算中心在银行开设各单位分户，实行“统一管理，分户核算”，由财政局和县人民银行负责统一办理销户和存款余额划转手续。

（2）会计档案资料实行集中管理。纳入集中核算后，各单位的会计档案由核算中心统一保管、编目、立卷、归档。

（3）取消单位会计机构，实施报账员制度。单位撤销会计机构和会计人员，设置专职报账员，负责向核算中心申请支款、经办单位财务收支具体业务。核算中心根据单位业务量的大小，分别核发备用金，用于报账员支付单位零星费用。

（4）办理工资直发。核算中心在对财政供养人员及工资标准进行清理的基础上，实施工资统发，核算中心为每位干部职工在银行设立工资账户，按月将审核后的工资打入工资卡。

（5）统一财务公开。会计核算中心定期向有关单位提供会计报表和财务分析，并统一办理财务公开。

2.会计集中核算的职能

会计集中核算是融会计服务和管理监督为一体的新型会计管理模式，其基本职能是在纳入集中核算单位的资金所有权、使用权和财务自主权不变的情况下，由会计核算中心代理各单位行使资金结算、会计核算职能，同时又行使财政资金的监督职能。对各核算单位的财务收支采取“集中管理，统一开户，分户核算”的办法，实行“一厅式办公，柜台式作业”。

纳入单位的各项资金收支由核算中心严格按规定和相应的科目列入预算，实行预算内外资金统管。会计集中核算模式是通过建立专职的会计核算机构，由专业化的会计人员，运用现代化的会计处理手段和科学规范的会计处理方法，集中办理各单位的会计核算和监督业务。具体运作表现在四个方面：一是会计业务的决策者与执行者分离，会计人员的隶属关系也与单位分离，解决了会计人员“顶得住站不住，站得住顶不住”的问题，会计业务处理由各单位处理变为核算中心处理，制止了作假行为；二是财务审批与会计监督分离，实行会计集中核算后，财务审批权由单位行使，会计监督职能由核算中心行使，具体审批人与实际操作人实行分离，形成双重制约机制；三是会计资料的存放管理与单位分离，进一步健全了监督制约机制；四是会计业务处理实行公开，每项会计业务的处理，至少要经过单位经手人、财务审批人、报账员、核算中心审核会计、记账会计和总会计等六个环节，整个处理过程又是在“一厅式办公、柜组式作业”的运作方式下进行，知情范围扩大、运作过程公开，形成“阳光作业”，有效遏制了舞弊行为。

3.会计集中核算取得的效果

（1）强化了财政监督力度，增强了政府的宏观调控能力。实行会计集中核算后，取消了各单位自设的银行账户，由会计核算中心在银行为各单位设立分户，并预留单位付款印鉴。预算内资金由财政拨入各单位的基本账户，预算外收入实行“收支两条线”管理，先入预算外资金财政专户，再按规定拨到各单位的账户上，使预算内外资金由过去的分散管理变为集中管理，有效解决财政资金调度紧张的问题，增强了政府的宏观调控能力。同时，通过对单位每笔资金的审核，全方位和全过程监督，保证每笔资金按预算、按项目使用，提高了财政资金的使用效率。

（2）夯实了会计基础，强化了会计监督。会计集中核算的实行使财政监督的阵地前移。报账单位遵守财经纪律的意识明显增强，许多报账员经常事先向核算中心询问有关经济业务的合理性和合法性及有关支出的开支标准，有效地杜绝了乱支滥用，有效遏制了违法违纪行为的发生。

（3）推动了会计人员管理体制改革，提高了会计信息质量。实行会计集中核算后，使会计人员的人事权、考核权等从单位分离出来，改变了会计人员“站得住的顶不住，顶得住的站不住”的被动局面，增强了会计核算与会计监督的独立性，使会计人员能够坚持原则、站稳立场，对会计资料的真实性、合法性进行大胆监督，解决了会计信息失真、会计秩序混乱等问题，大大提高了会计信息质量。

（4）核算中心的成功运行为部门预算和政府采购改革、国库集中支付纵深发展起到极大的推动作用。核算中心为部门预算的编制提供了准确的信息和基础的资料，促使单位严格执行预算；同时为政府采购的纵深发展提供了空间，凡规定纳入政府采购的物品或劳务，统管单位违规的，核算中心将予以拒付；凡部门预算中没有纳入的采购项目，单位自行办理的，核算中心也不予报销。核算中心使政府采购真正实现了采购权、物品使用权、资金拨付权三权分离。

第二节　会计的基本假设和一般原则

一、会计的基本假设

会计工作所处的经济环境十分复杂，受很多不确定因素的影响；而会计基本假设是企业会计确认，计量和报告的前提，是对会计核算所处时间、空间、环境等所作的合理假定。会计假设虽然有人为假定的一面，但是并不因此影响其客观性。事实上，作为进行会计活动的必要前提条件，会计假设是会计人员在长期的会计实践中逐步认识、总结而形成的，绝不是毫无根据的猜想或简单武断的规定。离开了会计假设，会计活动就失去了确认、计量、记录、报告的基础，会计工作就会陷入混乱，甚至难以进行。会计所处的社会经济环境极为复杂，而且变化不定。会计是个信息系统，会计核算要提供科学可靠的会计信息；而会计信息的加工制作，必须具备一定的前提条件。对会计核算所处的经济环境作出合乎情理的判断，就是会计基本假设，亦称会计核算基本前提。有了这个假设的前提条件，会计核算才得以正常的进行，才能据以选择确定会计处理方法。没有会计核算假设的基本前提条件，会计工作就成为无源之水、无本之木，会计数据也就失去了其意义和作用。

会计的基本假设包括会计主体、持续经营、会计分期和货币计量等四项。

（一）会计主体

会计主体是指会计工作服务的特定单位，是企业会计确认、计量和报告的空间范围。为了向财务报告使用者反映企业财务状况、经营成果和现金流量，提供与其决策有用的信息，会计核算和财务报告的编制应当集中于反映特定对象的活动，并将其与其他经济实体区别开来，才能实现财务报告的目标。一般来说，法人（或称法律主体）可作为会计主体，但会计主体不绝对是法人。在会计主体假设下，企业应当对其本身发生的交易或者事项进行会计确认、计量和报告，反映企业本身所从事的各项生产经营活动。明确界定会计主体是开展会计确认、计量和报告工作的重要前提。

首先，明确会计主体，才能划定会计所要处理的各项交易或事项的范围。在会计工作中，只有那些影响企业本身经济利益的各项交易或事项才能加以确认、计量和报告，那些不影响企业本身经济利益的各项交易或事项则不能加以确认、计量和报告。会计工作中通常所讲的资产、负债的确认，收入的实现，费用的发生等，都是针对特定会计主体而言的。

其次，明确会计主体，才能将会计主体的交易或者事项与会计主体所有者的交易或者事项以及其他会计主体的交易或者事项区分开来。例如，企业所有者的经济交易或者事项是基于企业所有者主体所发生的，不应纳入企业会计核算的范围；但是企业所有者投入到企业的资本或者企业向所有者分配的利润，则属于企业主体所发生的交易或者事项，应当纳入企业会计核算的范围。

会计主体不同于法律主体。一般来说，法律主体必然是一个会计主体。例如一个企业作为一个法律主体，应当建立财务会计系统，独立反映其财务状况、经营成果和现金流量。但是，会计主体不一定是法律主体。例如，在企业集团的情况下，一个母公司拥有若干子公司，母子公司虽然是不同的法律主体，但是母公司对于子公司拥有控制权，为了全面反映企业集团的财务状况、经营成果和现金流量，就有必要将企业集团作为一个会计主体，编制合并财务报表。再如，由企业管理的证券投资基金、企业年金基金等，尽管不属于法律主体，但属于会计主体，应当对每项基金进行会计确认、计量和报告。

（二）持续经营

持续经营，是指会计主体的生产经营活动将无期限持续下去，在可以预见的将来不会倒闭。在持续经营前提下，会计确认、计量和报告应当以企业持续、正常的生产经营活动为前提。

企业是否持续经营，在会计原则、会计方法的选择上有很大差别。一般情况下，应当假定企业将会按照当前的规模和状态继续经营下去。明确这个基本假设，就意味着会计主体将按照既定用途使用资产，按照既定的合约条件清偿债务，会计人员就可以在此基础上选择会计原则和会计方法。如果判断企业会持续经营，就可以假定企业的固定资产会在持续经营的生产经营过程中长期发挥作用，并服务于生产经营过程；固定资产就可以根据历史成本进行记录，并采用折旧的方法，将历史成本分摊到各个会计期间或相关产品的成本中。如果判断企业不会持续经营，固定资产就不应采用历史成本进行记录，并按期计提折旧。

（三）会计分期

会计分期，是指将一个企业持续经营的生产经营活动划分为一个个连续的、长短相同的期间。会计分期的目的，在于通过会计期间的划分，将持续经营的生产经营活动划分成连续、相等的期间，据以结算盈亏，按期作出财务报告，从而及时向财务报告使用者提供有关企业财务状况、经营成果和现金流量的信息。

在会计分期假设下，企业应当划分会计期间，分期结算账目和编制财务报告。会计期间通常分为年度和中期。中期，是指短于一个完整的会计年度的报告期间。

根据持续经营假设，一个企业将按当前的规模和状态持续经营下去。但是，无论是企业的生产经营决策还是投资者、债权人等的决策，都需要及时的信息，都需要将企业持续的生产经营活动划分为一个个连续的、长短相同的期间，分期确认、计量和报告企业的财务状况、经营成果和现金流量。明确会计分期假设意义重大。由于会计分期，才产生了当期与以前期间、以后期间的差别，才使不同类型的会计主体有了记账的基准，进而出现了折旧、摊销等会计处理方法。

（四）货币计量

货币计量，是指会计主体在财务会计确认、计量和报告时，以货币计量反映会计主体的生产经营活动。

货币计量是指企业在会计核算中要以货币为统一的主要的计量单位，记录和反映企业生产经营过程和经营成果。会计主体的经济活动是多种多样、错综复杂的。为了实现会计目的，必须综合反映会计主体的各项经济活动，这就要求有一个统一的计量尺度。在会计的确认、计量和报告过程中，之所以选择货币为基础进行计量，是由货币的本身属性决定的。货币是商品的一般等价物，是衡量一般商品价值的共同尺度，具有价值尺度、流通手段、贮藏手段和支付手段等特点。其他计量单位，如重量、长度、容积、台、件等，只能从一个侧面反映企业的生产经营情况，无法在总量上进行汇总和比较，不便于会计计量和经营管理。只有选择货币尺度进行计量，才能充分反映企业的生产经营情况，所以，基本准则规定。会计确认、计量和报告应选择货币作为计量单位。会计在选择货币作为统一的计量尺度的同时，要以实物量度和时间量度等作为辅助的计量尺度。

要实际进行会计核算，除了应明确以货币作为主要计量尺度之外，还需要具体确定记账本位币，即按保证统一的货币来反映会计主体的财务状况与经营成果。货币计量隐含币值稳定假设。

1.货币计量的两层含义

一是会计核算要以货币作为主要的计量尺度，会计法规定会计核算以人民币为记账本位币，业务收支以人民币以外的货币为主的单位，可以选定其中一种作为记账本位币，但是编报的财务会计报表应当折算为人民币。在以货币作为主要计量单位的同时，有必要也应当以实物量度和劳动量度作为补充。

二是假定币值稳定，因为只有在币值稳定或相对稳定的情况下，不同时点上的资产的价值才有可比性，不同期间的收入和费用才能进行比较，并计算确定其经营成果，会计核算提供的会计信息才能真实反映会计主体的经济活动情况。

2.货币计量的优缺点

它利用通用的货币计量单位进行全部的计量活动，计量结果可以相加、相减、相乘、相除，从而得到会计报告，并能够对其作进一步的分析。然而，很多影响企业的活动很难或无法用货币来计量。企业成员或雇员的知识和技能都有很高的价值，但是，却无法用货币对其准确计量。客户的忠诚能保证企业的未来收益，但是在过去的报表中只反映了过去已实现的收益。虽然会计中使用了货币计量概念，但经理人也不能期望从会计报告中获得企业各种要素的全景图。另一方面，在货币计量的背后隐含着币值不变的假设。会计业务中常常将不同时点的货币金额进行汇总比较，这是以币值不变为前提的，这在实际生活中受到持续通货膨胀的冲击，为解决这一问题，现在已诞生了通货膨胀会计。

二、会计的一般原则

财务会计的一般原则是指对财务会计核算的基本要求作出规定，是对财务会计核算基本规律的高度概括和总结。我国企业会计制度和企业会计准则将财务会计的一般原则归纳为：客观性、实质重于形式、相关性、可比性、一贯性、及时性、明晰性、权责发生制、配比、谨慎性、历史成本、划分收益性支出与资本性支出和重要性等13项原则。

（一）客观性原则

是指会计核算应当以实际发生的交易或事项为依据，如实反映企业财务状况和经营成果和现金流量。

会计核算的客观性包括真实性和可靠性两方面的意义。真实性要求会计核算的结果应当与企业实际的财务状况和经营成果相一致；可靠性是指对于经济业务的记录和报告，应当做到不偏不倚，以客观的事实为依据，不受会计人员主观意志的左右，避免错误并减少偏差。企业提供会计信息的目的是为了满足会计信息使用者的决策需要，因此，必须做到内容真实、数字准确和资料可靠。

（二）实质重于形式原则

是指企业应当按照交易或事项的经济实质进行会计核算，而不应当仅仅按照它们的法律形式作为会计核算的依据。

在实际工作中，交易或事项的外在法律形式并不总能真实反映其实质内容。为了使会计信息真实反映企业财务状况和经营成果，就不能仅仅依据交易或事项的外在表现形式来进行核算，而要反映交易或事项的经济实质。违背这一原则，可能会误导会计信息使用者的决策。会计核算上将以融资租赁方式租入的设备作为固定资产入账就是这个原则的具体体现。

（三）相关性原则

亦称有用性原则，是指企业会计提供的信息应当能够反映企业的财务状况、经营成果和现金流量，以满足会计信息使用者的需要。

会计信息与使用者的决策密切相关，表现在提供的会计信息能帮助决策者预测未来，把握可能的结果，从而改善当前的决策；同时，提供的会计信息也能为决策者证实过去的决策产生的结果，从而修正或坚持原来的决策。因此，在会计核算中应坚持这一原则，在收集、加工、处理和提供会计信息的过程中，充分考虑会计信息使用者的信息需求。

（四）一贯性原则

是指企业的会计核算方法前后各期应当保持一致，不得随意变更。如有必要变更，应当将变更的内容、变更的累积影响数，以及累积影响数不能合理确定的理由等，在会计报表附注中予以说明。

在会计核算中，经常会出现相同经济业务的会计处理有多种办法可供选择，例如存货发出的计价方法有先进先出法、后进先出法、加权平均法和个别认定法等，固定资产的折旧方法也有平均年限法、工作量法、年数总和法、双倍余额递减法等，企业可以在会计准则或制度允许的范围内选择使用。但是，在一般情况下，企业一经选定某一种方法，就不得随意变动，如果企业在不同的会计期间采用不同的会计核算方法，将不利于会计信息使用者对会计信息的理解，不利于会计信息作用的发挥。当然也不是说企业所选择的会计核算方法不能做任何变更，在符合一定条件的情况下，企业也可以变更会计核算方法，并在企业财务会计报告中作相应披露。在会计核算中遵循一贯性原则，有利于提高会计信息的使用价值，可以防止某些企业和个人利用会计方法的变动，在会计核算上弄虚作假，粉饰财务会计报告。

（五）可比性原则

是指企业的会计核算应当按照规定的会计处理方法进行，会计指标应当口径一致、相互可比。

这一原则不仅要求不同企业之间的会计信息要具有横向的可比性，而且要求同一企业的不同时期的会计信息要具有纵向的可比性。不同的企业可能处于不同行业、不同地区，经济业务发生于不同时点，为了保证会计信息能够满足会计信息使用者决策的需要，便于比较不同企业的财务状况、经营成果和现金流量，只要是相同的交易或事项，就应当采用相同的会计处理方法。

（六）及时性原则

是指企业的会计核算应当及时进行，不得提前或延后。

对会计信息使用者来说，会计信息与决策的相关性不仅表现在会计信息的真实可靠，而且表现在会计信息时效性上，过时的会计信息对决策者的使用价值就会大大降低，甚至无效。在会计核算中，坚持这一原则就是要求及时收集会计信息、及时对会计信息进行加工处理、及时传递会计信息，以满足各方面会计信息使用者的决策需要。

（七）明晰性原则

亦称可理解性原则，是指企业的会计核算和编制财务会计报告应当清晰明了，便于理解和利用。

对会计信息使用者来说，首先要能弄懂财务会计报告反映的信息内容，才能加以利用，并作为决策的依据，因此，明晰性是会计信息质量的首要要求。明晰性原则就是要求会计核算提供的信息应当简明、易懂，能简单地反映企业的财务状况、经营成果和现金流量，能为大多数使用者所理解。在会计核算中只有坚持明晰性原则，才能有利于会计信息使用者准确、完整地把握会计信息的内容，从而更好地利用。

（八）权责发生制原则

是指企业的会计核算应当以权责发生制为基础。凡是当期已经实现的收入和已经发生或应当负担的费用，不论款项是否收付，都应当作为当期的收入和费用；凡是不属于当期的收入和费用，即使款项已在当期收付，都不应作为当期的收入和费用。

权责发生制以权利取得和责任完成作为收入和费用发生的标志，有助于正确计算企业的经营成果。我国企业会计制度和会计准则要求企业在会计核算过程中以权责发生制为基础。与权责发生制相对应的一种收入和费用的确认方法被称之为收付实现制，它是以收到或支付现金作为确认收入和费用的依据。目前，我国的行政单位采用收付实现制，事业单位除经营业务采用权责发生制外，其他业务也采用收付实现制。

（九）配比原则

是指企业在进行会计核算时，收入与其成本、费用应当相互配比，同一会计期间内的各项收入和与其相关的成本、费用，应当在该会计期间内确认。

根据收入与费用的联系方式，收入与费用的配比方式主要有两种：一是根据收入与费用之间的因果联系进行直接配比，如主营业务收入与主营业务成本相配比，其他业务收入与其他业务成本相配比；二是根据收入与费用项目存在的时间上的一致关系，将某些与特定的收入项目没有存在明显的因果关系的费用项目，如广告费、办公费和经理人员工资等，与发生在同一期间的收入相配比。在会计核算中遵循配比原则，就是要求一个会计期间内的各项收入同与其相关联的成本、费用，应当在同一会计期间内进行确认、计量并登记入账，借以计算确定该期的损益。

（十）实际成本原则

亦称历史成本原则，是指企业的各项财产在取得时应当按照实际成本计量。其后，各项财产如果发生减值，应当按照规定计提相应的减值准备。除法律、行政法规和国家统一的会计制度另有规定者外，企业一律不得自行调整其账面价值。

企业在会计核算上对资产、负债、所有者权益等项目的计量，应当基于交易或事项的实际交易价格或成本，这主要是因为实际成本具有客观性，便于查核；同时实际成本数据的取得和确定也比较容易。坚持实际成本原则能使会计核算资料具有客观性和可靠性。但是，如果企业的资产已经发生了减值，其账面价值不能反映其未来可收回金额，企业就应当按照规定计提相应的减值准备。

（十一）划分收益性支出与资本性支出原则

是指企业的会计核算应当合理划分收益性支出与资本性支出的界限。凡支出的效益仅及于本年度（或1个营业周期）的，应当作为收益性支出；凡支出的效益及于几个会计年度（或几个营业周期）的，应当作为资本性支出。

收益性支出是指为了取得本期收益而发生，应从当期已实现的收益中得到补偿的支出；而资本性支出是指为当期、主要是为以后会计期间收入的取得而发生，应由今后若干会计期间的收益来补偿的支出。这一原则要求企业在会计核算中将两类不同性质的支出区分开来，对于收益性支出，应计入当期损益，并在利润表中反映，以正确计算当期经营成果；对于资本性支出应列入资产，反映在资产负债表中，根据其与以后各期收益的关系，将其价值分摊到以后各会计期间，以真实地反映企业的财务状况。如果企业将原本应计入资本性支出的计入了收益性支出，就会低估当期资产和收益；反之，则会高估当期资产和收益；所有这一切，都不利于会计信息使用者正确理解企业的财务状况和经营成果，影响其正确决策的作出。

（十二）谨慎性原则

亦称稳健性原则，或称保守主义，是指某些会计事项有不同的会计处理方法可供选择时，应尽可能选择一种不致虚增账面利润、夸大所有者权益的方法为准的原则。

企业在进行会计核算时，应当遵循谨慎性原则的要求，不得多计资产或收益、少计负债或费用，但不得设置秘密准备。遵循这一原则，要求企业在面临经济活动中的不确定因素的情况下作出职业判断并处理会计事项时，应当保持必要的谨慎，充分估计风险和损失，不高估资产或收到也不低估负债或费用。对于预计会发生的损失应计算入账，对于可能产生的收益则不预计入账谨慎性原则在我国会计实务中有多种表现，如对固定资产计提折旧采用加速折旧法、物价上涨情况下存货计价采用后进先出法、对可能发生的各项资产损失计提减值准备等。当然，遵循这一原则并不意味着企业可以任意设置各种秘密准备，否则，就属于滥用本原则，应当按照对重大会计差错更正的要求进行相应会计处理，加以纠正。

（十三）重要性原则

是指企业在全面核算的前提下，对于在会计核算过程中的交易或事项应当区别其重要程度，采用不同的核算方式。对资产、负债、损益等有较大影响，并进而影响财务会计报告使用者据以作出合理判断的重要会计事项，必须按照规定的会计方法和程序进行处理，并在财务会计报告中予以充分、准确地披露；对于次要的会计事项，在不影响会计信息真实性和不误导财务会计报告使用者作出正确判断的前提下，可适当简化处理。

会计核算中遵循重要性原则就是要考虑提供会计信息的成本与效益问题，使得提供会计信息的收益大于成本，避免出现提供会计信息的成本大于收益的情况出现，在全面反映企业财务状况和经营成果的基础上，起到突出重点，简化核算，节约人力、物力和财力，提高会计核算的工作效率。会计核算中，评价某些项目的重要性时，很大程度上取决于会计人员的职业判断。一般来说，应当从质和量两个方面进行分析。从性质上说，当某一事项有可能对决策产生一定影响时，就属于重要项目；从数量方面来说，当某一项目的数量达到一定规模时，就可能对决策产生影响。

第三节　会计文化背景和会计核算方法

一、会计文化背景

会计文化是指在特定的社会、经济、文化的背景下，从长期的生产实践活动中创造形成，为全体会计人员所共同享有，具有引导、凝聚、激励、约束会计群体，体现民族特色，从而增进会计活力，推进会计管理现代化进程的会计物质文化和精神文化的总和。

（一）《会计法》是会计文化历史发展的一个缩影

从中国会计发展历史来看，会计文化是在一定的政治、经济、道德等社会环境下逐渐形成的一种文化形式。《会计法》即是这种表现。辛亥革命后，对外政治与经济交往范围的扩大，推动了会计工作法制化的进程。1915年3月，北洋军阀政府参议院通过了我国历史上第一部比较完善的《会计法》，共九章三十六条，史称为“民三会计法”。新中国成立后，财政部设置了管理全国会计工作的专门机构，会计立法工作逐步展开。20世纪50年代到60年代早期，财政部颁发了一系列行业性的会计制度，形成了一套较为完整的会计操作法规体系。20世纪80年代，改革开放政策加快了会计法制建设步伐。1985年1月，经第六届全国人大九次会议审议通过并于同年5月1日起正式实施的《会计法》的颁布，标志着中华人民共和国第一部关于会计工作基本法律性文件的诞生。社会主义市场经济体制的建立，给会计工作提出了一系列新课题，有必要对构成会计法制体系基础的《会计法》进行调整。1993年12月29日，第八届人大五次会议做出了《关于修改〈中华人民共和国会计法〉的决定》，修改后的《会计法》实施范围扩大，会计工作地位与作用突出，更适应我国会计自身改革及在具体事务处理上与国际通行惯例相接轨的需要；还在企业股份制改造、转换企业经营机制、转变政府职能、强化经济的宏观调控等方面充分发挥会计的作用，提供了必要的法律保证。1999年10月31日，九届人大十二次会议再次修订了《会计法》，其具体条款的规定更加适合经济发展对会计改革的要求。

（二）会计职能为会计文化注入新的内涵

会计的基本职能是进行会计核算、实行会计监督。随着社会生产力的不断发展，会计职业活动的范围越来越广泛，会计在经济活动中的职能作用也在扩展和深化。会计信息化是新时期会计职能改革与发展的重要内容。会计信息化将计算机、网络、通信等先进信息技术引入会计学科，与传统的会计工作相融合，在财务处理等方面发挥作用。同时，它还包含有更深的内容，如会计基本理论信息化、会计实务信息化、会计教育信息化、会计管理信息化等，是我们更好地服务经济社会发展的重要支撑。从现代企业制度的构成来看，会计监督应该是企业内控的一个重要组成部分。为了保证会计信息的真实性，真正发挥会计监督职能，我们还需要财政税务部门、政府审计部门、民间中介机构甚至司法监督部门对企业行为的监督与控制，从而营造一个良好的外部监督环境，促使会计监督职能的正常运转。

（三）会计诚信是会计文化的精髓

诚信是中华民族的优良传统和美德。中国现代会计学之父潘序伦先生认为，“诚信”是会计职业道德的重要内容。事实上，“会计”一词已明确地揭示了会计职业道德的本质内涵。《说文解字》云："计，会也，算也，从言，从十。"又释"言"字："直言曰言。"这表明，古代"会计"一词的本意就揭示了真实反映、不弄虚作假的道德要求。诚信是市场经济的重要组成部分，而会计诚信则是市场经济的精髓，是关系到社会主义市场经济能否有效运行和健康发展的关键条件。只有以诚信为本，会计行业才有立足之本，市场经济的正常运行和发展才有良好的基础。

（四）会计道德体现出时代会计文化特征

会计职业道德的基本内容表现为会计职业道德规范。内容主要包括以下方面。

一是爱岗敬业，要求会计人员正确认识会计职业，戒懒、戒惰、戒拖；热爱会计工作，任劳任怨；严肃认真，一丝不苟；忠于职守，尽职尽责。

二是诚实守信，要求会计人员做老实人，说老实话，办老实事，不搞虚假；保守秘密，不为利益所诱惑。

三是廉洁自律，要求会计人员树立正确的人生观和价值观，自觉抵制享乐主义、个人主义、拜金主义；公私分明、不贪不占；遵纪守法、清正廉洁，自觉抵制行业不正之风。

四是客观公正，要求会计人员端正态度，依法办事，保持应有的独立性。

五是坚持准则，要求会计人员始终坚持按法律、法规和国家统一的会计制度的要求，进行会计核算，实施会计监督。

六是提高技能，要求会计人员增强提高专业技能的自觉性和紧迫感，勤学苦练，刻苦钻研；掌握科学的学习方法，努力提高业务水平。

七是参与管理，要求会计人员在做好本职工作的同时，全面熟悉本单位经营活动和业务流程，主动提出合理化建议。

八是强化服务，要求会计人员树立服务意识，文明服务；提高服务质量，努力维护和提升会计职业的良好社会形象。

会计文化作为人类文化的重要组成部分，是全人类共同的财富。会计文化的构建是一个没有终点的持续过程，必须不断克服会计文化自身的不足，实现其向更高形态的飞跃，构建有明确价值取向的优秀会计文化，使会计文化的构建过程成为会计人员综合素质提高的过程，成为会计人员不断得到激励的过程。

二、会计核算方法

会计方法是用来反映和监督会计对象，完成会计任务的手段。会计方法是人们在长期的会计工作实践中总结创立的，并随着社会生产力的发展、会计管理活动的复杂化而逐步完善和提高。会计方法包括会计核算方法、会计分析方法、会计检查方法和会计预测、决策方法等。会计核算方法是会计方法中的基本方法，会计分析、会计检查、会计预测和决策等方法都是在会计核算方法的基础上，利用会计核算资料进行的，是会计核算方法的继续和发展。

会计核算方法是对会计对象进行连续、系统、完整地核算和监督所运用的方法，它包括一系列的专门方法，主要有设置会计科目与账户、复式记账、填制与审核会计凭证、登记账簿、成本计算、财产清查和编制财务会计报告。

（一）设置会计科目与账户

设置会计科目与账户，是对会计对象的具体内容进行分类核算的方法。会计科目是对会计对象的具体内容进行分类核算的项目。而账户是根据会计科目开设的。由于会计对象包括的具体内容纷繁复杂，如财产物资就有各种存在的形态：厂房、机器设备、各种材料、半成品等，它们在生产中各有作用，管理的要求也不同。设置会计科目与账户就是根据会计对象具体内容的不同特点和经营管理的不同要求规定分类核算项目，并在账簿中开设相应的账户，以便分类、连续地记录企业的经济业务，为经营管理提供所需要的各种类型的会计指标。正确、科学地设置会计科目与账户，是会计核算其他各种方法的基础。

（二）复式记账

复式记账是与单式记账相对应的一种记账方法。复式记账是指对每一项经济业务，都要在两个或两个以上相互联系的账户中同时登记的一种记账方法。在现实生活中，任何一项经济业务的发生都有其来龙去脉；通过复式记账，可以清楚地了解每项经济业务所引起资金流动，还可以通过账户之间的平衡关系来检查有关经济业务的记录是否正确。因此，复式记账法是一种比较完善的、科学的记账方法。

（三）填制与审核会计凭证

会计凭证是记录经济业务，明确经济责任，并作为记账依据的书面证明。任何一项经济业务发生完成时，都应取得或填制原始凭证，而且必须通过会计部门和有关部门的审核。只有通过审核并认为正确无误的原始凭证，才能依此编制记账凭证作为记账的依据。填制与审核会计凭证，不仅能够为账簿记录提供完整的真实可靠的依据，也是实行会计监督的一个重要方面。

（四）登记账簿

账簿是由具有一定格式、相互联系的若干账页组成的。登记账簿，是在账簿上连续、系统、完整地记录和核算经营活动和财务收支的一种专门方法。登记账簿必须以审核后的会计凭证为依据，利用账户和复式记账的方法，把经济业务序时地、分门别类地登记到有关的账簿中去。登记账簿，实质上是把会计凭证中分散记录的经济业务内容，进行进一步地分类、汇总，使之系统化，以便提供完整、系统的会计核算资料，并为编制财务会计报告提供主要依据。

（五）成本计算

成本计算是指按照成本计算对象归集生产经营活动中发生的各项费用，并确定各成本计算对象的总成本和单位成本的一种方法。成本计算主要在企业会计中使用。通过成本计算，可以确定材料的采购成本、产品的生产成本和销售成本，可以正确地对会计核算对象进行计价，可以考核经济活动过程中的物化劳动和活劳动的消耗程度，并为正确计算盈亏提供数据资料。

（六）财产清查

财产清查是指在一定时期终了，通过实物盘点和账目核对，来确定各项财产物资实有数额并查明实存数与账存数是否相符的一种专门方法。通过财产清查，可以查明各项财产物资和货币资金的保管和使用情况，以及往来款项的结算情况，监督各类财产物资的安全完整和合理使用。财产清查所确定的盘盈、盘亏和各种损失，应当及时查明原因，通过一定审批手续进行处理，并调整账簿记录，使账实保持一致，以保证日常核算资料和会计报表的正确性和真实性。

（七）编制会计报告

编制财务会计报告是定期总括地反映一定会计期间的企业财务状况和经营成果的一种专门方法。编制财务会计报告是对日常核算的总结，是在账簿记录基础上，对会计核算资料的进一步加工整理。因此，编制财务会计报告一般是在会计期末（月末、季末、年末）进行。财务会计报告所提供的各种指标是考核和评价企业经营活动的重要依据，也是进行经营决策和国家综合平衡的必要参考资料。

上述七种会计核算方法并不是各自孤立的，而是彼此相互联系，共同构成一个完整的方法体系。经济业务发生后，经办人员要填制和取得原始凭证，经会计人员审核整理后，按照设置的会计科目与账户，运用复式记账法，编制记账凭证，并据以登记账簿；要依据凭证和账簿记录对生产经营过程中的各项费用进行成本计算，并依据财产清查对账簿记录加以核实，在保证账实相符的基础上，定期编制财务会计报告。在实际工作中，会计核算的各种方法有些是交叉重复进行的，但一般都是按照上述的程序进行的。会计的核算过程也可以看作是一个记账、算账、报账的循环。填制和审核凭证、登记账簿是记账过程，填制和审核凭证是会计核算的最初环节，登记账簿是会计核算的中心环节；成本计算是算账过程，是对初级会计资料的加工过程；编制财务会计报告是报账过程，是会计核算的最终环节。以上过程每一会计期间循环一次，循环往复，直至企业停止经营活动。人们习惯上将从填制和审核会计凭证、登记账簿直至编制财务会计报告这一周而复始的会计核算程序称为会计循环。

第四节　财务管理和会计核算的关系

一、对财务管理的理解

财务管理是指企业为实现良好的经济效益，在组织企业的财务活动、处理财务关系过程中所进行的科学预测、决策、计划、控制、协调、核算、分析和考核等一系列企业经济活动过程中管理工作的全称，其主要特点是对企业生产和再生产过程中的价值运动进行的管理，是一项综合性很强的管理工作。在这一过程中，企业财务管理的基本任务是组织资金供应，提高资金利用效果、降低产品成本，增加企业赢利、分配企业收入，完成上缴任务、实行财务监督，维护财经纪律。

财务管理是一项综合性管理工作。企业管理在实行分工、分权的过程中形成了一系列专业管理，有的侧重于使用价值的管理，有的侧重于价值的管理，有的侧重于劳动要素的管理，有的侧重于信息的管理。社会经济的发展，要求财务管理主要是运用价值形式对经营活动实施管理。通过价值形式，把企业的一切物质条件、经营过程和经营结果都合理地加以规划和控制，达到企业效益不断提高、财富不断增加的目的。因此，财务管理既是企业管理的一个独立方面，又是一项综合性的管理工作。

除此之外，在企业中，财务管理与企业各方面具有广泛联系，一切涉及资金的收支活动，都与财务管理有关。事实上，企业内部各部门与资金不发生联系的现象是很少见的。因此，财务管理的触角，常常伸向企业经营的各个角落。每一个部门都会通过资金的使用与财务部门发生联系。每一个部门也都要在合理使用资金、节约资金支出等方面接受财务部门的指导，受到财务制度的约束，以此来保证企业经济效益的提高。

另外，财务管理能迅速反映企业生产经营状况。在企业管理中，决策是否得当，经营是否合理，技术是否先进，产销是否顺畅，都可迅速地在企业财务指标中得到反映。例如，如果企业生产的产品适销对路，质量优良可靠，则可带动生产发展，实现产销两旺，资金周转加快，赢利能力增强，这一切都可以通过各种财务指标迅速地反映出来。这也说明，财务管理工作既有其独立性，又受整个企业管理工作的制约。财务部门应通过自己的工作，向企业领导及时通报有关财务指标的变化情况，以便把各部门的工作都纳入到提高经济效益的轨道，努力实现财务管理的目标。

二、对会计核算的认识

在企业经营管理过程中，所谓的会计核算主要是指运用会计方法，对经济活动进行连续、系统、全面地记录、分类、汇总、分析，形成会计信息，为决策提供依据的一项会计活动。会计核算是会计的一项基本职能，是会计工作的核心和重点。如何进行会计核算，关系到会计在经济管理和财务管理中的职能能否有效发挥。因此，从法律上对会计核算进行规范是十分必要的。会计核算可以分为三个基本环节：一是填制会计凭证；二是登记会计账簿；三是编制和提供财务会计报告。这三个环节相互衔接，基本上覆盖了会计核算的全过程。

三、财务管理与会计核算的区别与联系

财务管理是指运用管理知识、技能、方法，对企业资金的筹集、使用以及分配进行管理的活动，主要在事前、事中管理，重在“理”。会计是指以资金形式，对企业经营活动进行连续地反映、监督和参与决策的工作，主要在事后核算，重在“算”。

两者的联系在于：目的都是在于管理企业经营、提高企业效益；指向的对象都是企业资金。而在这一经营过程中，会计核算是整个经营管理的基础，而财务管理则是最终目标。一方面，财务管理通过会计核算记录的内容进行资金分配并制订一定的运行计划，保证资金能够全方位地在各个项目之间运行，降低企业风险。另一方面，财务管理必须依据会计核算的反映与监督制订方案，解决临时出现的问题，确保公司项目的持续运营。总之，财务管理与会计核算相互依存，会计核算所反映的资金状况是基础；财务管理作为企业运行的核心，必须依据会计核算的内容进行方案的制订。

财务管理与会计核算之间的关系以及二者配合产生的积极作用，要求我们必须加强对这二者的重视度。接下来，笔者将对财务管理与会计核算存在的问题进行分析，为企业财务管理质量的提升提供理论依据。

一方面，在财务管理制度方面存在制度不健全的现状。现行的财务管理制度难以满足当前基建发展要求，在诸多方面存在空白或存在可操作性差的问题，致使财务管理常常面临无章可循的尴尬局面。为此，企业在经营过程中必须完善企业财务管理制度。相关项目工作人员要与财务工作人员保持密切配合、及时沟通的关系，通过建立例会制度，使两者之间的信息资源得以共享，以便于及时发现问题，及时解决问题。通过建立完善的财务管理制度，不仅有利于确保项目财产物资的安全完整，而且有利于项目管理部门加强成本控制，实现投资效益最大化。

另一方面，在人员配置方面，财会人员素质不高。企业管理层对项目的会计管理重视程度不足，没有为其配备充足的人力、物力资源，致使财会人员的岗位安排随意性较大。对此管理人员需要加强对财务人员的培训，提高财会人员综合素质。会计核算工作量大，这就要求财会人员应具备多学科、多领域的专业知识，如经济学、税法、会计学等。企业应针对项目种类的不同，配备专门的会计，以减少会计的流动，使会计能够很好地完成费用摊销，从而确保会计核算工作的稳定性和连续性，充分发挥会计监督职能。此外，财会人员需要认真做好各项资料的收集、加工、处理、整理以及归档工作；同时向主管部门及时、准确、如实地报送会计报表和会计资料，确保项目成本核算的真实性，进而为企业的经营决策提供可靠依据，避免决策的盲目性和随意性，将决策风险降至最低。

会计核算与财务管理在企业经营管理过程中共同推动了企业经济效益的增加。企业管理者必须充分掌握二者之间的关系，在具体操作过程中将二者结合起来运用。并且针对目前出现的财务管理制度不严格、会计核算不规范、财务人员素质低等现状，不断完善财务管理制度，规范会计核算行为，促进财务人员素质的全方位发展。相信在相关人员的不断探究与摸索下，企业财务管理将取得更好的发展。

第二章

财务成本与费用

第一节 财务成本费用核算

一、成本与费用的概念

成本是指企业为生产产品、提供劳务而发生的各种耗费。对商品流通企业而言，这里的成本即指进货成本。费用是指企业为销售商品、提供劳务等日常活动所发生的经济利益的流出。

企业为了进行正常的生产经营活动，必然会发生材料、物资的耗用、各种人员的劳动报酬支出、固定资产及其他长期资产的磨损以及各种以货币资金支付的开支，所有这些在一定期间的各种耗费可分为两个方面，即成本和期间费用。企业应当合理划分成本和期间费用的界限，成本应当计入所生产的产品或提供劳务的成本，期间费用应当直接计入当期损益。企业应将当期已销产品或已提供劳务的成本转入当期的费用，商品流通企业应将当期已销商品的进价转入当期费用。成本是一种对象化了的费用。费用支出的多少，往往与某一期间的长短有关，而总成本的多少，往往与生产产品的数量多少直接相关。

为了正确计算成本，必须首先划分费用的界限。企业某一期间的费用支出，应首先划清资本性支出和收益性支出的界限。所谓资本性支出，是指企业为了取得受益期在一年以上的资产和劳务而支出的费用，如购置企业固定资产和有关长期资产的支出。这些费用支出一般要通过折旧或摊销的形式逐步转入当期费用。所谓收益性支出是指为取得本期收益而支出的费用，如工业企业为购置原材料和产品加工而发生的料费和工费，商品流通企业的进货费用，为销售商品而发生的销售费用等。因为成本支出包含在收益性支出之中，为了正确计算成本，还应将收益性支出划分为制造成本、期间费用和营业外支出，将计入生产经营成本的支出划分为直接费用和间接费用等。

二、制造成本法

制造成本法是我国现行财务制度规定的计算和分配产品成本的一种方法。在制造成本法下计算产品成本时，只分配与生产经营最直接和最密切相关的费用，而将与生产经营没有直接关系和关系不密切的费用直接计入当期损益。这种为世界各国普遍采用的成本管理和成本核算的方法，其主要特点是把企业一定时期的收益性支出主要划分为产品制造成本和期间费用两部分。

（一）制造成本的内容

制造成本是指企业生产经营过程中实际消耗的直接材料、直接人工费、其他直接支出和制造费用。

（1）直接材料。包括企业生产经营过程中实际消耗的原材料、辅助材料、设备配件、外购半成品、燃料、动力、包装物、低值易耗品以及其他直接材料。

（2）直接人工费。包括企业直接从事产品生产人员的工资、奖金、津贴和补贴。

（3）其他直接支出。包括直接从事产品人员的职工福利费等。

（4）制造费用。包括企业各个生产单位（分厂、车间）为组织和管理生产所发生的生产单位管理人员工资、职工福利费，生产单位房屋、建筑费、机器设备等的折旧费，原油储量有偿使用费，油田维护费，矿山维简费，租赁费（不包括融资租赁费），修理费，机物料消耗，低值易耗品摊销，取暖费，水电费，办公费，差旅费，运输费，保险费，设计制图费，试验检验费，劳动保护费，季节性、修理期间的停工损失以及其他制造费用。

（二）期间费用的内容

期间费用是指不能直接归属于某个特定产品成本的费用。它是随着时间推移而发生的，与当期产品的管理和产品销售直接相关，而与产品的产量、产品的制造过程无直接关系；即容易确定其发生的期间，而难以判别其所应归属的产品，因而，不能列入产品制造成本，而在发生的当期损益中扣除。期间费用包括直接从企业的当期产品销售收入中扣除的销售费用、管理费用和财务费用。由于当期的期间费用是全额从当期损益中扣除的，因而，其发生额不会影响下一个会计期间。

1.销售费用

销售费用是指企业在销售商品和材料、提供劳务过程中发生的各项费用，包括：（1）保险费、包装费、展览费和广告费、商品维修费、预计产品质量保证损失、运输费、装卸费等；（2）为销售本企业商品而专设的销售机构（含销售网点、售后服务网点等）的职工薪酬、业务费、折旧费等经营费用；（3）企业发生的与专设销售机构相关的固定资产修理费用等后续支出。

2.管理费用

管理费用是指企业为组织和管理生产经营活动所发生的各种费用。包括企业的董事会和行政管理部门在企业的经营管理中发生的，或者应当由企业统一负担的各项费用，包括以下几项。

（1）企业管理部门及职工方面的费用。

①公司经费：指直接在企业行政管理部门发生的行政管理部门职工工资、修理费、物料消耗、低值易耗品摊销、办公费和差旅费等。

②工会经费：指按职工工资总额（扣除按规定标准发放的住房补贴，下同）的2%计提并拨交给工会使用的经费。

③职工教育经费：指按职工工资总额的1.5%计提，用于职工培训、学习的费用。

④劳动保险费：指企业支付离退休职工的退休金（包括按规定交纳地方统筹退休金）、价格补贴、医药费（包括支付离退休人员参加医疗保险的费用）、异地安家费、职工退职金、6个月以上病假人员工资、职工死亡丧葬补助费、抚

恤费、按规定支付给离休人员的其他费用。

⑤待业保险费：指企业按规定交纳的行业保险基金。

（2）用于企业直接管理之外的费用。

①董事会费：指企业董事会或最高权力机构及其成员为执行职权而发生的各项费用，包括成员津贴、差旅费、会议费等。

②咨询费：指企业向有关咨询机构进行生产技术经营管理咨询所支付的费用或支付企业经济顾问、法律顾问、技术顾问的费用。

③聘请中介机构费：指企业聘请会计师事务所进行查账、验资、资产评估、清账等发生的费用。

④诉讼费：指企业向法院起诉或应诉而支付的费用。

⑤税金：指企业按规定交纳的房产税、车船使用税、土地使用税、印花税等。

⑥矿产资源补偿费：指企业在中华人民共和国领域和其他管辖海域开采矿产资源，按照主营业务收入的一定比例缴纳的矿产资源补偿费。

（3）提供生产技术条件的费用。

①排污费：指企业根据环保部门的规定交纳的排污费用。

②绿化费：指企业区域内零星的绿化费用。

③技术转让费：指企业使用非专利技术而支付的费用。

④研究与开发费：指企业开发新产品、新技术所发生的新产品设计费、工艺规程制订费、设备调试费、原材料和半成品的试验费、技术图书资料费、未纳入国家计划的中间试验费、研究人员的工资、研究设备的折旧、与新产品新技术研究有关的其他经费、委托其他单位进行的科研试制的费用以及试制失败损失等。

⑤无形资产摊销：指企业分期摊销的无形资产价值，包括专利权、商标权、著作权、土地使用权、非专利技术和商誉等的摊销。

⑥长期待摊费用摊销：指企业对分摊期限在一年以上的各项费用在费用项目的受益期限内分期平均摊销，包括按大修理间隔期平均摊销的固定资产大修理支出、在租赁期限与租赁资产尚可使用年限两者孰短的期限内平均摊销的租入固定资产改良支出以及在受益期内平均摊销的其他长期待摊费用的摊销。

3.财务费用

财务费用是指企业为筹集生产经营所需资金等而发生的费用，包括利息支出（减利息收入）、汇兑损失（减汇兑收益）以及相关的手续费等。其具体内容包括以下几项。

（1）利息支出，指企业短期借款利息、长期借款利息、应付票据利息、票据贴现利息、应付债券利息、长期应付引进国外设备款利息等利息支出（除资本化的利息外）减去银行存款等的利息收入后的净额。

（2）汇兑损失，指企业因向银行结售或购入外汇而产生的银行买入、卖出价与记账所采用的汇率之间的差额；以及月度（季度、年度）终了，各种外币账户的外币期末余额，按照期末规定汇率折合的记账人民币金额与原账面人民币金额之间的差额等。

（3）相关的手续费，指发生债券所需支付的手续费（需资本化的手续费除外）、开出汇票的银行手续费、调剂外汇手续费等，但不包括发行股票所支付的手续费等。

（4）其他财务费用，如融资租入固定资产发生的融资租赁费用等。

上述三种费用统称为期间费用，不计入生产经营成本，而在各个生产经营期间发生，即由该期损益直接承担的各种费用。

三、产品生产成本的核算

（一）产品生产成本计算的基本要求

企业的生产经营过程，同时也是费用发生、成本形成的过程。成本计算，就是对实际发生各种费用的信息进行处理。我们计算成本，总是计算某个具体对象的成本。而企业规模有大有小，经营性质和项目各不相同，因而如何组织成本的计算，如何确定成本计算对象，只能具体问题具体分析，依实际情况而定。而一个企业发生的费用种类繁多，制造某个对象的过程又是由各个部门、各项生产要素密切配合，经过很多环节才最终形成的。所以，记录归类汇集和分配企业发生的各种生产费用，是一项比较复杂的工作。但是，不管是哪一种类型的企业，也不论计算什么成本，成本计算的基本原理、一般原则和基本程序却是共同的。

总的来看，成本计算都要遵守以下要求。

1.合理确定成本计算对象

所谓成本计算对象，就是费用归集的对象，或者说是成本归属的对象。进行成本计算，必须首先确定成本计算对象。如果成本计算对象确定得不准确或不恰当，就会大大增加成本计算的难度，计算出来的成本不能满足企业管理的需要，甚至不能完成成本计算的任务。一般来说，成本计算的对象就是各种耗费的受益物，也就是耗费各种投入品后形成的产出物，是“制造”活动取得的直接成果，即“产品”。如工厂生产的工业品、农场生产的粮食、学校培养的学生、文艺组织摄制的电影、电视剧、演出的剧目等，都是一种“产品”，都是成本的计算对象。

2.恰当确定成本计算期

所谓成本计算期，就是多长时间计算一次成本。从理论上说，产品成本计算期应该与产品的生产周期相一致。但这种情况只适合于企业的生产过程为一批（件）接一批（件），即第一批（件）完工了再生产第二批（件）的情况。而事实上，现代企业的生产大都采用流水线的形式，不是一批接一批地生产，而是不断投产，不断完工，绵延不断，无法分清前后批次。在这种情况下，按批计算成本显然是很困难的，只有人为地划分成本计算期（一般是以一个月作为一个成本计算期），成本计算才有可行性。

3.正确选择成本计算的方法

由于企业的情况千差万别，成本的具体计算方式也不可能有一个统一的模式。经过人们的长期实践，形成了几种常用的成本计算方法，即品种法、分批法和分步法等。恰当地确定成本计算的对象，不是一件容易的事。因为企业的规模、生产组织形式和技术特点不同，成本计算的对象也会不一样。例如，有的企业只生产最终的产成品，而有的企业除生产最终的产成品外，还生产各种各样的半成品。有的企业是采用大批量生产，而有的企业是采用小批量生产，甚至是单件生产等。如果企业的产品不是成批生产，且只有一个步骤，一般可以直接以产品品种为成本计算对象，这种方法称为品种法。

如果产品生产是以按批生产为主，则以批次作为成本的计算对象，这种方法称为分批法。如果产品生产要分成若干个步骤，中间有半成品，并且产品是连续不断的大量生产或大批量的生产，则以每个步骤的半成品和最终产品为成本的计算对象，这种方法称为分步法。

（二）产品成本计算方法

我们知道，不同的企业，其生产过程有不同的特点，其成本管理的要求也是不一样的。这给成本计算的具体方法带来了很大的影响。也就是说，只有根据企业生产的特点和成本管理的不同要求，选择不同的成本计算方法，才能正确地计算产品成本。

1.生产的主要类型和成本管理要求

按生产工艺过程和生产组织的不同，可以分为不同的类型。

（1）按生产工艺过程的特点来分，可分为以下两种。

①单步骤生产，也叫简单生产，是指生产技术上不间断、不分步骤的生产，如发电、熔铸、采掘工业等。

②多步骤生产，也叫复杂生产，是指技术上可以间断、由若干步骤组成的生产。如果这些步骤按顺序进行，不能并存，不能颠倒，要到最后一个步骤完成才能生产出产成品，这种生产就叫连续式复杂生产，如纺织、冶金、造纸等。如

果这些步骤不存在时间上的继起性，可以同时进行，每个步骤生产出不同的零配件，然后再经过组装成为产成品，这种生产就叫装配式复杂生产，如机械、电器、船舶等。

（2）按生产组织的特点来分，可分为以下三种。

①大量生产，它是指连续不断重复地生产同一品种和规格产品的生产。这种生产一般品种比较少，生产比较稳定。如发电、采煤、冶金等。大量生产的产品需求一般单一稳定，需求数量大。

②成批生产，它是指预先确定批别和有限数量进行的生产。这类生产的特点是品种或规格比较多，而且是成批轮番地组织生产。这种生产组织是现代企业生产的主要形式。

③单件生产，它是根据订单，按每一件产品来组织生产。这种生产组织形式并不多见，主要适用于一些大型而复杂的产品，如重型机械、造船、专用设备等。

不同的企业，成本管理的要求也不完全一样。例如，有的企业只要求计算产成品的成本，而有的企业不仅要计算产成品的成本，还要计算各个步骤半成品的成本。有的企业要求按月计算成本，而有的企业可能只要求在一批产品完工后才计算成本等。成本管理要求的不同也是影响选择成本计算方法的一个因素。

2.产品成本计算方法的确定

不同的企业，由于生产的工艺过程、生产组织以及成本管理要求不同，成本计算的方法也不一样。不同成本计算方法的区别主要表现在三个方面：一是成本计算对象不同；二是成本计算期不同；三是生产费用在产成品和半成品之间的分配情况不同。常用的成本计算方法主要有品种法、分批法和分步法。

（1）品种法。品种法是以产品品种作为成本计算对象来归集生产费用、计算产品成本的一种方法。由于品种法不需要按批计算成本，也不需要按步骤来计算半成品成本，因而这种成本计算方法比较简单。品种法主要适用于大批量单步骤生产的企业，如发电、采掘等；或者虽属于多步骤生产，但不要求计算半成品成本的小型企业，如水泥、制砖等。品种法一般按月定期计算产品成本，也不需要把生产费用在产成品和半成品之间进行分配。

（2）分批法。分批法也称定单法，是以产品的批次或定单作为成本计算对象来归集生产费用、计算产品成本的一种方法。分批法主要适用于单件和小批的多步骤生产，如重型机床、船舶、精密仪器和专用设备等。分批法的成本计算期是不固定的，一般把一个生产周期（即从投产到完工的整个时期）作为成本计算期定期计算产品成本。由于在未完工时没有产成品，完工后又没有在产品，产成品和在产品不会同时并存，因而也不需要把生产费用在产成品和半成品之间进行分配。

（3）分步法。分步法是按产品的生产步骤归集生产费用、计算产品成本的一种方法。分步法适用于大量或大批的多步骤生产，如机械、纺织、造纸等。分步法由于生产的数量大，在某一时间上往往既有已完工的产成品，又有未完工的在产品和半成品，不可能等全部产品完工后再计算成本。因而分步法一般是按月定期计算成本，并且要把生产费用在产成品和半成品之间进行分配。

（三）正确划分各项费用的界限

1.正确划分计入产品成本与不计入产品成本的界限，确定成本费用的范围

企业发生的费用有很多项目，根据谁受益（或谁消耗），谁负担的原则，凡生产过程中消耗的各种材料、人工和其他费用都应计入生产成本。否则，就不能计入生产成本。如支付的各种滞纳金、赔款、捐赠、赞助款等应计入营业外支出；支付股利应计入利润分配；管理费用、财务费用等均不应计入生产成本，而应计入期间费用。

2.正确划分各个月份的费用界限

根据分期原则，为了及时反映和考核费用开支情况，需要定期分月进行成

本计算。根据权责发生制原则，发生的费用应该按受益原则分配到有关的月份中去。①凡已开支但应由以后月份负担的费用，应计入待摊费用；②本月支付但应由以前月份负担的费用，由于在以前月份已经把费用作了预计，并记入“预提费用”账户，所以应冲减“预提费用”账户；③应由本月负担的费用，不管是否已经支付，都应计入本月费用。

3.正确划分产品成本和期间费用的界限

在企业发生的各种费用支出中，凡应该计入本月由当月负担的费用，应进一步区分产品成本和期间费用的界限。凡在产品生产中发生的费用，属于产品成本，应该记入“生产成本”账户，产品完工后再转入“产成品”账户，销售后再转入“销售成本”账户，期末结转本年利润。凡在非生产领域中发生的管理费用、销售费用和财务费用都属于期间费用，其处理方法比较简单，在期末一次全部转入“本年利润”账户，一次冲减当期损益。

4.正确划分不同产品的成本界限

如果企业只是生产一种产品，那么全部生产成本就是这种产品的成本。但一般的企业都不止生产一种产品，这就需要把全部生产成本在几种产品之间进行分配，凡能分清应由哪种产品负担的费用，应直接计入该种产品的成本；凡由几种产品共同负担的费用，则要采用恰当的标准（根据谁受益，谁负担的原则）进行分配，最终把各种产品的成本计算出来。

5.正确划分完工产品与在产品成本的界限

通过前一步骤我们已经计算出了每一种产品的总成本。如果这种产品已经全部完工，则其成本全部为产成品成本；如果这种产品全部未完工，则其成本全部为在产品成本。但通常情况下，往往是既有产成品，又有在产品，这就需要把总的产品成本在产成品和在产品之间进行分配。一般来说，一件在产品应该比一件产成品负担的成本要少，因为在产品尚未完工，消耗的资源比产成品要少，完工产品与在产品之间的成本分配要考虑完工程度。分配的方法有约当产量法、定额法、定额比例法等。

（四）产品成本计算的程序

1.确定成本计算方法

开展成本计算之前，先要确定采用哪一种成本计算方法。通常所用的方法有品种法、分批法、分步法等。这要根据生产工艺过程和生产组织的特点，同时结合成本管理的要求情况来进行选择。

2.设置有关的成本计算账户

为了计算产品的成本，需要设置一个专门的账户，即“生产成本”账户。其借方汇集为生产产品而发生的各种费用，贷方反映产品完工转出的制造成本。

对于一定的成本计算对象来说，发生的费用无非是两种：（1）直接费用；（2）间接费用，即共同性的、不是直接为生产这一对象服务的费用。如果企业只生产一种产品，则直接费用和间接费用并没有差别，都应该直接计入产品成本。但是，企业一般都是生产多种产品。这样，直接费用仍可以直接计入产品成本，而间接费用就必须先要汇集起来，然后再分配摊入各个不同的成本计算对象。这样，需要先单独设置一个账户，即“制造费用”账户，“制造费用”账户的作用就是汇集各种间接费用，再合理地分配到成本计算对象上去。如果废品和停工的情况比较多，就需要搜集有关的废品和停工损失资料，并专门设置一个“废品损失”和“停工损失”账户，把这些损失汇集到“废品损失”和“停工损失”账户的借方，然后在其贷方作出恰当的处理并转出；如果是正常损失，一般应分配进入产品成本，否则应转入管理费用或营业外支出。

按权责发生制的要求，生产中发生的支出不一定就要计入生产成本，支出的期间与成本计算期间可能不一致。支出发生后有两种情况：①生产中发生的费用在本期发挥出全部效益，效益不递延到下期，这种情况应把费用直接记入“生产成本”或“制造费用”账户；②本期发生的费用支出不应由本期负担。这里面又有两种情况：①先支出，后计入成本费用，这种情况应设置“待摊费用”账户，支出时借记“待摊费用”账户，分期摊入成本费用时再贷记“待摊费用”账户；②先计入成本，后支出，这种情况应设置“预提费用”账户，计入当期成本费用时借记有关成本费用账户，贷记“预提费用”账户，支付再借记“预提费用”账户。

3.核算费用发生及按用途分类

成本计算的过程是一个费用的汇集和分配（摊）的过程，或者反过来说，费用的核算最终也就是成本的核算。成本计算就是一个对费用进行多步骤处理的过程。

要做好成本计算工作，第一步就是要准确反映总共开支了多少费用，开支了一些什么性质的费用。这一步要解决两个问题。一是本企业在当期到底有哪些开支，开支了哪些费用，这是做好成本计算工作的基础。如消耗了多少原材料，要用先进先出法和后进先出法等方法进行恰当的计量；如由于设备发挥效用而磨损的价值，要用恰当的方法进行折旧。二是费用发生后，到底起了什么作用。在成本计算过程中，不仅要反映开支了一些什么费用，而且要进一步明确开支的费用起了什么作用，对谁发挥了效用。

费用发生后起的作用归纳起来有三种情况：

（1）费用发生后没有在当期发挥作用，应向后期递延，如预付租金等，应计入待摊费用。

（2）开支发生在当期，而其效用发生在上期，如在年初支付上年的全部租金，不能作为当期费用，而应计入“预提费用”账户。

（3）大多数开支，是开支在本期，效用也在本期，这些费用不仅要计入当期的成本，还要按其具体用途进行分类。

不管成本计算的对象是什么，一般来说，都需要支付以下成本项目；或者说，费用发生后，无非是起了以下几个方面的作用：一是消耗各有关材料，这些材料构成产品的实体，这叫直接材料费用；二是消耗各有关人工费用，这些生产工人的劳动直接用于产品的制造，这叫直接人工费用；三是消耗各种材料和人工及其它费用，这些费用不直接用于产品的生产，只是在生产过程中起辅助作用，或提供必要的生产条件，这种费用就叫制造费用。

为了反映费用的发生及按用途分类的情况，需要记一笔会计分录，即：

借：有关成本费用账户

　　贷：有关资产负债账户

在这笔会计分录中，贷方的有关资产负债账户反映费用开支的具体情况。这些账户是现金、原材料、累计折旧、应付工资、应付福利费等账户，反映企业到底开支了一些什么费用。借方的有关成本费用账户则包括待摊费用、预提费用、生产成本、制造费用等，反映这些费用起了什么作用。其中生产成本是成本计算的主要账户，最后所有的费用都要归集到生产成本账户。记到生产成本账户的费用还要进一步按用途分类，一般分为直接材料、人工费用和制造费用三个项目。

4.辅助生产费用的分配

“生产成本”总账下有两个明细账户：一是基本生产，用于核算产品的生产成本；二是辅助生产，用于核算为生产产品服务的有关生产部门的成本。辅助生产也是一种生产活动，它为基本生产活动提供必要的产品和劳务，也要消耗各种生产费用，同样要计算产品成本。辅助生产成本的计算需要设置“辅助生产”明细账户，其借方汇集发生的各种费用，其贷方计算辅助生产车间完工的产成品成本，同时转入基本生产明细账户。这个账户一般没有余额。

5.制造费用的分配

产品成本由直接材料、直接人工和制造费用三部分组成，其中发生的直接材料和直接人工属于直接费用，直接记入“生产成本”账户；发生的制造费用是间接费用，不直接记入“生产成本”账户，而是先在“制造费用”账户中汇集，然后再分配记入“生产成本”账户。

6.产成品成本的计算

通过上述步骤，本期发生的全部生产成本都已汇集在“生产成本”账户的借方，如果企业没有在产品，则产成品成本就是生产成本账户的期初余额加上本期发生的全部生产成本。但是，一般企业都同时有在产品和产成品，因而需要把产品生产成本在产成品和在产品之间进行分配，同时计算在产品成本和产成品成本。

“生产成本”账户的有关数据之间有下列关系：

期初余额＋本期发生的全部生产成本＝期末在产品成本＋产成品成本

产成品成本＝期初余额＋本期发生的全部生产成本－期末在产品成本

也就是说，产成品成本的计算问题，即要把总成本在期末在产品和产成品之间进行分配。一般用约当产量法或定额法等方法进行分配。

产成品成本计算出来后，还要用产成品总成本除以总产量，求得单位成本，这样产品成本计算才全部结束。

四、期间费用的核算

企业的期间费用按不同的支付方式，分为直接支付、转账摊销、预提待付和已付待摊四种情况。下面分别按照这四种情况说明其核算方法。

（一）直接支付费用

直接支付费用是指以货币资金支付本期发生的费用，如“营业费用”中的进货运杂费、装卸费、广告费、经营人员工资；“管理费用”中的管理人员工资、业务招待费、诉讼费；“财务费用”中的手续费等。由于这些费用在本期发生、本期支付并由本期负担，所以会计核算比较简单。在支付款项时，应编制如下会计分录：

借：销售费用（或管理费用、财务费用）

　　贷：银行存款（或现金）

（二）转账摊销费用

转账摊销费用是指不需要通过货币结算，而是以转账方式摊销计入本期的费用。如固定资产折旧费、无形资产摊销等。

（三）已付待摊费用

已付待摊费用是指企业为正确计算财务成果，对一次支出而在若干期间受益的费用采用待摊方式计入以后各期的费用。按摊销期长短的不同，已付待摊费用分为两类，一类是摊销期在一年以内的短期待摊费用，如企业支付的第二年房租、第二年财产保险费及一次缴纳的数额较大的印花税等；另一类是摊销期在一年以上的长期待摊费用，如租入固定资产的改良支出和固定资产的大修理支出等。

（四）预提待付费用

预提待付费用是指企业为正确计算财务成果，均衡不同期间的费用负担，对应由本期负担但本期尚未支付的费用，采用预提方式记入本期的费用。

综上所述，对管理费用的控制方法，主要是提前做好预算，然后按预算控制支出。这就要编制管理费用预算表，根据项目分部门确定费用限额，然后由各个部门负责审批和控制支出。

第二节　财务成本习性与本量利分析

一、成本习性分析

（一）成本习性的概念

成本习性也称为成本性态，指在一定条件下成本总额的变动与特定业务量之间的依存关系。这里的业务量可以是生产或销售的产品数量，也可以是反映生产工作量的直接人工小时数或机器工作小时数。

（二）成本习性的分类

成本按习性可划分为固定成本、变动成本和混合成本三类。

1.固定成本

固定成本，是指其总额在一定时期和一定业务量范围内不随业务量发生任何变动的那部分成本。属于固定成本的主要有按直线法计提的折旧费、保险费、管理人员工资、办公费等。单位固定成本将随产量的增加而逐渐变小。

固定成本还可进一步区分为约束性固定成本和酌量性固定成本两类。

（1）约束性固定成本，属于企业“经营能力”成本，是企业为维持一定的业务量所必须负担的最低成本，如厂房、机器设备折旧费、长期租赁费等。企业的经营能力一经形成，在短期内很难有重大改变，因而这部分成本具有很大的约束性。

（2）酌量性固定成本，属于企业“经营方针”成本，是企业根据经营方针确定的一定时期（通常为一年）的成本，如广告费、开发费、职工培训费等。

应当指出的是，固定成本总额只是在一定时期和业务量的一定范围（通常称为相关范围）内保持不变。

2.变动成本

变动成本是指其总额随着业务量成正比例变动的那部分成本。直接材料、直接人工等都属于变动成本，但产品单位成本中的直接材料、直接人工将保持不变。与固定成本相同，变动成本也存在相关范围。

3.混合成本

有些成本虽然也随业务量的变动而变动，但不成同比例变动，这类成本称为混合成本。混合成本按其与业务量的关系又可分为半变动成本和半固定成本。

（1）半变动成本。它通常有一个初始量，类似于固定成本，在这个初始量的基础上随产量的增长而增长，又类似于变动成本。

（2）半固定成本。这类成本随产量的变化而呈阶梯型增长，产量在一定限度内，这种成本不变，当产量增长到一定限度后，这种成本就跳跃到一个新水平。

（三）总成本习性模型

$$y = a + bx$$

其中，y指总成本，a指固定成本，b指单位变动成本，x指业务量。

（四）成本习性的作用

从成本习性来认识和分析成本并将成本重新进行分类，有助于进一步加强成本管理，挖掘内部潜力，并能促使企业搞好经营预测和决策，争取实现最大的经济效益。

二、本量利分析

（一）简介

本量利分析是成本—产量（或销售量）—利润依存关系分析的简称，也称为CVP分析（Cost—Volume—Profit Analysis），是指在变动成本计算模式的基础上，以数学化的会计模型与图文来揭示固定成本、变动成本、销售量、单价、销售额、利润等变量之间的内在规律性的联系，为会计预测决策和规划提供必要的财务信息的一种定量分析方法。

本量利分析着重研究销售数量、价格、成本和利润之间的数量关系，它所提供的原理、方法在管理会计中有着广泛的用途，同时它又是企业进行决策、计划和控制的重要工具。

（二）前提条件

在现实经济生活中，成本、销售数量、价格和利润之间的关系非常复杂。例如，成本与业务量之间可能呈线性关系也可能呈非线性关系；销售收入与销售量之间也不一定是线性关系，因为售价可能发生变动。为了建立本量利分析理论，必须对上述复杂的关系做一些基本假设，由此来严格限定本量利分析的范围。对于不符合这些基本假设的情况，可以进行本量利扩展分析。

1.相关范围和线性关系假设

由于本量利分析是在成本性态分析基础上发展起来的，所以成本性态分析的基本假设也就成为本量利分析的基本假设；也就是在相关范围内，固定成本总额保持不变，变动成本总额随业务量变化成正比例变化。前者用数学模型来表示就是y=a，后者用数学模型来表示就是y=bx，所以，总成本与业务量呈线性关系，即 y=a+bx。相应的，假设售价也在相关范围内保持不变，这样，销售收入与销售量之间也呈线性关系，用数学模型来表示，就是以售价为斜率的直线y=px（p 为销售单价）。这样，在相关范围内，成本与销售收入均分别表现为直线。

由于有了相关范围和线性关系这种假设，就把在相关范围之外，成本和销售收入分别与业务量呈非线性关系的实际情况排除在外了。但在实际经济活动中，成本、销售收入和业务量之间却存在非线性关系这种现象。为了解决这一问题，将在后面放宽这些假设，讨论非线性条件下的情况。

2.品种结构稳定假设

该假设是指在一个生产和销售多种产品的企业里，每种产品的销售收入占总销售收入的比重不会发生变化。但在现实经济生活中，企业很难始终按照一个固定的品种结构来销售产品，如果销售产品的品种结构发生较大变动，必然导致利润与原来品种结构不变假设下预计的利润有很大差别。有了这种假定，就可以使企业管理人员关注价格、成本和业务量对营业利润的影响。

（三）产销平衡假设

所谓产销平衡就是企业生产出来的产品总是可以销售出去，能够实现生产量等于销售量。在这一假设下，本量利分析中的量就是指销售量而不是生产量；进一步讲，在销售价格不变时，这个量就是指销售收入。但在实际经济生活中，生产量可能会不等于销售量，这时产量因素就会对本期利润产生影响。

正因为本量利分析建立在上述假设基础上，所以一般只适用于短期分析。

在实际工作中应用本量利分析原理时，必须从动态的角度去分析企业生产经营条件、销售价格、品种结构和产销平衡等因素的实际变动情况，调整分析结论，积极应用动态分析和敏感性分析等技术来克服本量利分析的局限性。

（四）分析关键

确定盈亏临界点，是进行本量利分析的关键。所谓盈亏临界点，就是指使得贡献毛益与固定成本恰好相等时的销售量。此时，企业处于不盈不亏的状态。盈亏临界点可以采用下列两种方法进行计算。

A. 按实物单位计算，其公式为：盈亏临界点的销售量（实物单位）= 固定成本 / 单位产品贡献毛益

其中：单位产品贡献毛益 = 单位产品销售收入 – 单位产品变动成本

B. 按金额综合计算，其公式为：盈亏临界点的销售量（用金额表现）=固定成本 /贡献毛益率

其中：贡献毛益率 = 贡献毛益 / 销售收入

贡献毛益 = 销售收入 – 变动成本

（五）基本关系

在进行本量利分析时，应明确认识下列基本关系。

（1）在销售总成本已定的情况下，盈亏临界点的高低取决于单位售价的高低。单位售价越高，盈亏临界点越低；单位售价越低，盈亏临界点越高。

（2）在销售收入已定的情况下，盈亏临界点的高低取决于固定成本和单位变动成本的高低。固定成本越高，或单位变动成本越高，则盈亏临界点越高；反之，盈亏临界点越低。

（3）在盈亏临界点不变的前提下，销售量越大，企业实现的利润便越多（或亏损越少）；销售量越小，企业实现的利润便越少（或亏损越多）。

（4）在销售量不变的前提下，盈亏临界点越低，企业能实现的利润便越多（或亏损越少）；盈亏临界点越高，企业能实现的利润便越少（或亏损越多）。

（六）基本公式

本量利分析是以成本性态分析和变动成本法为基础的，其基本公式是变动成本法下计算利润的公式，该公式反映了价格、成本、业务量和利润各因素之间的相互关系。即：

税前利润 = 销售收入 - 总成本 = 销售价格 × 销售量 -（变动成本 + 固定成本）= 销售单价 × 销售量 - 单位变动成本 × 销售量 - 固定成本

即：$P=px-bx-a=(p-b)x-a$

式中：P——税前利润

p——销售单价

b——单位变动成本

a——固定成本

x——销售量

该公式是本量利分析的基本出发点，以后的所有本量利分析可以说都是在该公式基础上进行的。

（七）贡献毛益

贡献毛益是指产品的销售收入扣除变动成本之后的金额，表明该产品为企业作出的贡献，也称贡献边际（contribution margin）、边际利润或创利额，是用来衡量产品盈利能力的一项重要指标。由于变动成本又分为制造产品过程中发生的变动生产成本和非制造产品过程中发生的变动非生产成本，所以贡献毛益也可以分为制造贡献毛益和营业贡献毛益两种。本书中如无特别说明，贡献毛益就是指扣除了全部变动成本的营业贡献毛益。

贡献毛益可以用总额形式表示，也可以用单位贡献毛益和贡献毛益率形式表示。

1.贡献毛益总额

贡献毛益总额（total contribution margin，TCM）是指产品销售收入总额与变动成本总额之间的差额。用公式表示为：

贡献毛益总额＝销售收入总额－变动成本总额，即：TCM=px−bx

由于：税前利润＝销售收入总额－变动成本总额－固定成本＝贡献毛益总额－固定成本，可以写成：P=TCM−a

所以：贡献毛益总额＝税前利润＋固定成本，即：TCM=P+a

2.单位贡献毛益

单位贡献毛益（unit contribution margin，UCM）是指单位产品售价与单位变动成本的差额。用公式表示为：

单位贡献毛益＝销售单价－单位变动成本，即：UCM=p−b

该指标反映每销售一件产品所带来的贡献毛益。

3.边际贡献率

边际贡献率（contribution margin rate，CMR）是指贡献毛益总额占销售收入总额的百分比，或单位贡献毛益占单价的百分比。用公式表示为：

边际贡献率＝贡献毛益总额/销售收入总额×100%＝单位贡献毛益/销售单价×100%

该指标反映每百元销售收入所创造的贡献毛益。

与边际贡献率相关的另一个指标是变动成本率（variable cost rate，VCR）。变动成本率是指变动成本总额占销售收入总额的百分比或单位变动成本占单价的百分比。用公式表示为：

变动成本率＝变动成本总额/销售收入总额×100%

＝单位变动成本/单价×100%，

将变动成本率与边际贡献率两个指标联系起来，可以得出：

边际贡献率＋变动成本率＝1

由此可以推出：边际贡献率 = 1 − 变动成本率，或变动成本率 = 1 − 边际贡献率

可见，变动成本率与边际贡献率两者是互补的。企业变动成本率越高，边际贡献率就越低；变动成本率越低，其边际贡献率必然越高。

（八）分类

1.单一品种

单一品种条件下本量利分析主要是确定保本点与保利点。

（1）保本点是指能使企业达到保本状态时的业务量的总称。单一品种的保本点有两种表现形式：保本点销售和保本点销售额。

（2）保利点是指在单价和成本水平确定的情况下，为确保预先确定的目标利润能够实现而达到的销售量和销售额的总称。具体包括实现目标利润销售量和实现目标利润销售额。

（3）保净利点是指实现目标净利润的业量。具体包括实现目标净利润销售量和实现目标净利润销售额。

2.多品种

多品种条件下本量利分析的加权平均法，是指在掌握每种产品本身的贡献边际率的基础上，按各种产品销售额的比重进行加权平均，据以计算综合贡献边际率，进而计算多品种保本额和保利额的一种方法。

（九）前提

（1）假定所有成本都可以划分为固定成本和变动成本两部分，相应的成本习性模型已经存在。

（2）假定在一定时期内，业务量总是在相关范围内变动；它的变动不会改变固定成本和变动成本的所有特征。

（3）假定在多数情况下企业只生产和销售一种产品；若企业组织多种产品的生产经营，则假定其品种结构不变。

（4）假定计算期内产品的生产量和销售量一致，企业能够自动实现产销平衡。

（5）假定企业按照变动成本法计算产品成本和按贡献式程序确定损益。

（6）假定利润口径等于营业利润。

（十）关系式

利润 =（单价–单位变动成本）× 销售量 – 固定成本

第三节　财务成本控制

一、成本控制的概念

成本控制的过程是运用系统工程的原理，对企业在生产经营过程中发生的各种耗费进行计算、调节和监督的过程，同时也是一个发现薄弱环节、挖掘内部潜力、寻找一切可能降低成本途径的过程。科学地组织实施成本控制，可以促进企业改善经营管理，转变经营机制，全面提高企业素质，使企业在市场竞争的环境下生存、发展和壮大。

成本控制就是指以成本作为控制的手段，通过制订成本总水平指标值、可比产品成本降低率以及成本中心控制成本的责任等，达到对经济活动实施有效控制的目的的一系列管理活动与过程。

成本控制是指降低成本支出的绝对额，故又称为绝对成本控制；成本降低还包括统筹安排成本、数量和收入的相互关系，以求收入的增长超过成本的增长，实现成本的相对节约，因此又称为相对成本控制。

成本控制是成本管理的一部分，致力于满足成本要求。满足成本要求主要是指满足顾客、最高管理者、相关方以及法律法规等对组织的成本要求。成本控制的对象是成本发生的过程，包括设计过程、采购过程、生产和服务提供过程、销售过程、物流过程、售后服务过程、管理过程、后勤保障过程等所发生的成本控制。成本控制的结果应能使被控制的成本达到规定的要求。为使成本控制达到规定的、预期的成本要求，就必须采取适宜的和有效的措施，包括作业、成本工程和成本管理技术和方法，如VE价值工程、IE工业工程、ABC作业成本法、ABM作业成本管理、SC标准成本法、目标成本法、CD降低成本法、CVP本-量-利分析、SCM战略成本管理、质量成本管理、环境成本管理、存货管理、成本预警、动量工程、成本控制方案等。

开展成本控制活动的目的就是防止资源的浪费，使成本降到尽可能低的水平，并保持已降低的成本水平。成本控制反对“秋后算账”和“死后验尸”的做法，提倡预先控制和过程控制。因此，成本控制必须遵循预先控制和过程方法的原则，并在成本发生之前或在发生的过程中去考虑和研究为什么要发生这项成本？应不应该发生？应该发生多少？应该由谁来发生？应该在什么地方发生？是否必要？决定后应对过程活动进行监视、测量、分析和改进。成本控制应是全面控制的概念，包括全员参与和全过程控制。成本控制和成本保证的某些活动是相互关联的。

二、成本控制的基础工作

成本控制的起点，或者说成本控制过程的平台就是成本控制的基础工作。成本控制不从基础工作做起，成本控制的效果和成功可能性将受到大大影响。

（一）定额制订

定额是企业在一定生产技术水平和组织条件下，人力、物力、财力等各种资源的消耗达到的数量界限，主要有材料定额和工时定额。成本控制主要是制订消耗定额，只有制订出消耗定额，才能在成本控制中起作用。工时定额的制订主要依据各地区收入水平、企业工资战略、人力资源状况等因素。在现代企业管理中，人力成本越来越大，工时定额显得特别重要。在工作实践中，根据企业生产经营特点和成本控制需要，还会出现动力定额、费用定额等。定额管理是成本控制基础工作的核心，建立定额领料制度，控制材料成本、燃料动力成本，建立人工包干制度，控制工时成本，以及控制制造费用，都要依赖定额制度；没有很好的定额，就无法控制生产成本；同时，定额也是成本预测、决策、核算、分析、分配的主要依据，是成本控制工作的重中之重。

（二）标准化工作

1.标准化工作

标准化工作是现代企业管理的基本要求，它是企业正常运行的基本保证，它促使企业的生产经营活动和各项管理工作达到合理化、规范化、高效化，是成本控制成功的基本前提。在成本控制过程中，下面三项标准化工作极为重要。

第一，计量标准化。计量是指用科学方法和手段，对生产经营活动中的量和质的数值进行测定，为生产经营尤其是成本控制提供准确数据。如果没有统一计量标准，基础数据不准确，那就无法获取准确成本信息，更无从谈控制。

第二，价格标准化。成本控制过程中要制订两个标准价格，一是内部价格，即内部结算价格，它是企业内部各核算单位之间，各核算单位与企业之间模拟市场进行“商品”交换的价值尺度；二是外部价格，即在企业购销活动中与外部企业产生供应与销售的结算价格。标准价格是成本控制运行的基本保证。

第三，质量标准化。质量是产品的灵魂，没有质量，再低的成本也是徒劳的。成本控制是质量控制下的成本控制，没有质量标准，成本控制就会失去方向，也谈不上成本控制。

第四，数据标准化。制订成本数据的采集过程，明晰成本数据报送人和入账人的责任，做到成本数据按时报送，及时入账，数据便于传输，实现信息共享；规范成本核算方式，明确成本的计算方法；对成本的书面文件实现国家公文格式，统一表头，形成统一的成本计算图表格式，做到成本核算结果准确无误。

2.制度建设

在市场经济中，企业运行的基本保证，一是制度，二是文化；制度建设是根本，文化建设是补充。没有制度建设，就不能固化成本控制运行，就不能保证成本控制质量。成本控制中最重要的制度是定额管理制度、预算管理制度、费用审报制度等。

在实际中，制度建设有两个问题。一是制度不完善，在制度内容上，制度建设更多的从规范角度出发，看起来像命令。正确的做法应该是制度建设要从运行出发，这样才能使责任人找准位置，便于操作。二是制度执行不力，老是强调管理基础差、人员限制等客观原因，一出现利益调整内容，就收缩起来，导致制度形同虚设。

三、成本控制的目标

在企业发展战略中，成本控制处于极其重要的地位。如果同类产品的性能、质量相差无几，决定产品在市场竞争的主要因素则是价格，而决定产品价格高低的主要因素则是成本，因为只有降低了成本，才有可能降低产品的价格。成本管理控制目标必须首先是全过程的控制，不应仅是控制产品的生产成本，而应控制的是产品寿命周期成本的全部内容。实践证明，只有当产品的寿命周期成本得到有效控制，成本才会显著降低；而从全社会角度来看，只有如此才能真正达到节约社会资源的目的。此外，企业在进行成本控制的同时，还必须要兼顾产品的不断创新，特别是要保证和提高产品的质量，绝不能片面地为了降低成本而忽视产品的品种和质量，更不能为了片面追求眼前利益，采取偷工减料、冒牌顶替或粗制滥造等歪门邪道来降低成本；否则，其结果不但坑害了消费者，最终也会使企业丧失信誉，甚至破产倒闭。

（一）成本动因不只限于产品数量

要对成本进行控制，就必须先了解成本为何发生，它与哪些因素有关，有何关系。对于直接成本（直接材料和直接人工），其成本动因是产品的产量，按产量进行这部分的分配是毫无疑问的。如何有效地控制成本，使企业的资源利用达到最大的效益，就应该从作业入手，力图增加有效作业，提高有效作业的效率；同时尽量减少以至于消除无效作业，这是现代成本控制各方法的基础理念，其他各种概念都是围绕其开展的，因而也是本书的立足点。

（二）成本的含义变得更为宽泛

传统的产品成本的含义一般只是指产品的制造成本，即包括产品的直接材料成本、直接人工成本和应该分摊的制造费用，而将其他的费用放入管理费用和销售费用中，一律作为期间费用，视为与产品生产完全无关。因此，广义的成本概念，既包括产品的制造成本（中游），还包括产品的开发设计成本（上游），同时也包括使用成本、维护保养成本和废弃成本（下游）的一系列与产品有关的所有企业资源的耗费。相应地，对于成本控制，就要控制这三个环节所发生的所有成本。

（三）成本节省到成本避免

传统的成本降低基本是通过成本的节省来实现的，即力求在工作现场不浪费资源和改进工作方式以节约成本，主要方法有节约能耗、防止事故、以招标方式采购原材料或设备，是企业的一种战术的改进，属于降低成本的一种初级形态。高级形态的成本降低需要企业在产品的开发、设计阶段，通过重组生产流程，来避免不必要的生产环节，达到成本控制的目的，是一种高级的战略上的变革。

（四）时间作为一个重要的竞争因素

在价值链的各个阶段中，时间都是一个非常重要的因素。很多行业的各项技术的发展变革速度已经加快，产品的生命周期变得很短。企业能将产品及时地送到顾客手中是第一步，更重要的是对顾客的意见采取及时的措施，使顾客价值最大化。这样既可以获得市场，又可以随时掌握市场的动态。

四、成本控制的内容

成本控制的内容非常广泛，但是，这并不意味着事无巨细地平均使用力量，成本控制应该有计划、有重点地区别对待。各行各业不同企业有不同的控制重点。控制内容一般可以从成本形成过程和成本费用分类两个角度加以考虑。

（一）按成本形成过程划分

1.产品投产前的控制

这部分控制内容主要包括产品设计成本、加工工艺成本、物资采购成本、生产组织方式、材料定额与劳动定额水平等。这些内容对成本的影响最大，可以说，产品总成本的60%取决于这个阶段的成本控制工作的质量。这项控制工作属于事前控制方式，在控制活动实施时真实的成本还没有发生，但它决定了成本将会怎样发生，它基本上决定了产品的成本水平。

2.制造过程中的控制

制造过程是成本实际形成的主要阶段。绝大部分的成本支出在这里发生，包括原材料、人工、能源动力、各种辅料的消耗、工序间物料运输费用、车间以及其它管理部门的费用支出。投产前控制的种种方案设想、控制措施能否在制造过程中贯彻实施，大部分的控制目标能否实现和这一阶段的控制活动紧密相关，它主要属于事中控制方式。由于成本控制的核算信息很难做到及时，会给事中控制带来很多困难。

3.流通过程中的控制

流通过程中的控制包括产品包装、厂外运输、广告促销、销售机构开支和售后服务等费用。在目前强调加强企业市场管理职能的时候，很容易不顾成本地采取种种促销手段，反而抵消了利润增量，所以也要作定量分析。

（二）按成本费用的构成划分

1.原材料成本控制

在制造业中原材料费用占了总成本的很大比重，是成本控制的主要对象。影响原材料成本的因素有采购、库存费用、生产消耗、回收利用等，所以控制活动可从采购、库存管理和消耗三个环节着手。

2.工资费用控制

工资在成本中占有一定的比重，增加工资又被认为是不可逆转的。控制工资与效益同步增长，减少单位产品中工资的比重，对于降低成本有重要意义。控制工资成本的关键在于提高劳动生产率，它与劳动定额、工时消耗、工时利用率、工作效率、工人出勤率等因素有关。

3.制造费用控制

制造费用开支项目很多，主要包括折旧费、修理费、辅助生产费用、车间管理人员工资等，虽然它在成本中所占比重不大，但因不引人注意，浪费现象十分普遍，是不可忽视的一项内容。

4.企业管理费控制

企业管理费指为管理和组织生产所发生的各项费用，开支项目非常多，也是成本控制中不可忽视的内容。上述这些都是绝对量的控制，即在产量固定的假设条件下使各种成本开支得到控制。在现实系统中还要达到控制单位成品成本的目标。

5.基本原则

（1）全面介入的原则。

全面介入原则是指成本控制的全部、全员、全过程的控制。“全部”是对产品生产的全部费用要加以控制，不仅对变动费用要控制，对固定费用也要进行控制。“全员控制”是要发动领导干部、管理人员、工程技术人员和广大职工建立成本意识，参与成本的控制，认识到成本控制的重要意义，才能付诸行动。“全过程控制”，对产品的设计、制造、销售过程进行控制，并将控制的成果在有关报表上加以反映，借以发现缺点和问题。

（2）例外管理的原则。

成本控制要将注意力集中在超乎常情的情况。因为实际发生的费用往往与预算有上下，如发生的差异不大，也就没有必要一一查明其原因，而只要把注意力集中在非正常的例外事项上，并及时进行信息反馈。

（3）经济效益的原则。

提高经济效益，不单是依靠降低成本的绝对数，更重要的是实现相对的节约，取得最佳的经济效益；以较少的消耗，取得更多的成果。

6.基本程序和方法

生产过程中的成本控制，就是在产品的制造过程中，对成本形成的各种因素，按照事先拟定的标准严格加以监督，发现偏差就及时采取措施加以纠正，从而使生产过程中的各项资源的消耗和费用开支限定在标准规定的范围之内。

五、制订成本标准

（一）成本标准的确定

成本标准的确定是成本控制的准绳，成本标准首先包括成本计划中规定的各项指标。但成本计划中的一些指标都比较综合，还不能满足具体控制的要求，这就必须规定一系列具体的标准。确定这些标准的方法，大致有三种。

（1）计划指标分解法。即将大指标分解为小指标。分解时，可以按部门、单位分解，也可以按不同产品和各种产品的工艺阶段或零部件进行分解；若更细致一点，还可以按工序进行分解。

（2）预算法。就是用制订预算的办法来制订控制标准。有的企业基本上是根据季度的生产销售计划来制订较短期的（如月份）的费用开支预算，并把它作为成本控制的标准。采用这种方法特别要注意从实际出发来制订预算。

（3）定额法。就是建立起定额和费用开支限额，并将这些定额和限额作为控制标准来进行控制。在企业里，凡是能建立定额的地方，都应把定额建立起来，如材料消耗定额、工时定额等等。实行定额控制的办法有利于成本控制的具体化和经常化。在采用上述方法确定成本控制标准时，一定要进行充分的调查研究和科学计算。同时还要正确处理成本指标与其他技术经济指标的关系（如和质量、生产效率等关系），从完成企业的总体目标出发，经过综合平衡，防止片面性。必要时，还应搞多种方案的择优选用。

（二）监督成本的形成

这就是根据控制标准，对成本形成的各个项目，经常地进行检查、评比和监督。不仅要检查指标本身的执行情况，而且要检查和监督影响指标的各项条件，如设备、工艺、工具、工人技术水平和工作环境等。所以，成本日常控制要与生产作业控制等结合起来进行。成本日常控制的主要方面如下。

1.材料费用的日常控制

车间施工员和技术检查员要监督按图纸、工艺、工装要求进行操作，实行首件检查，防止成批报废。车间设备员要按工艺规程规定的要求监督设备维修和使用情况，不合要求不能开工生产。供应部门材料员要按规定的品种、规格、材质实行限额发料，监督领料、补料、退料等制度的执行。生产调度人员要控制生产批量，合理下料，合理投料，监督期量标准的执行。车间材料费的日常控制，一般由车间材料核算员负责，它要经常收集材料，分析对比，追踪原因，并会同有关部门和人员提出改进措施。

2.工资费用的日常控制

主要是车间劳资员对生产现场的工时定额、出勤率、工时利用率、劳动组织的调整、奖金、津贴等的监督和控制。此外，生产调度人员要监督车间内部作业计划的合理安排，要合理投产、合理派工、控制窝工、停工、加班、加点等。车间劳资员（或定额员）对上述有关指标负责控制和核算，分析偏差，寻找原因。

3.间接费用的日常控制

车间经费、企业管理费的项目很多，发生的情况各异。有定额的按定额控制，没有定额的按各项费用预算进行控制，如采用费用开支手册、企业内费用券

（又叫本票、企业内流通券）等形式来实行控制。各个部门、车间、班组分别由有关人员负责控制和监督，并提出改进意见。

上述各生产费用的日常控制，不仅要有专人负责和监督，而且要使费用发生的执行者实行自我控制，还应当在责任制中加以规定。这样才能调动全体职工的积极性，使成本的日常控制有群众基础。

（三）及时纠正偏差

针对成本差异发生的原因，查明责任者，分情况的轻重缓急提出改进措施，加以贯彻执行。对于重大差异项目的纠正，一般采用下列程序。

（1）提出课题。从各种成本超支的原因中提出降低成本的课题。这些课题首先应当是那些成本降低潜力大、各方关心、可能实行的项目。提出课题的要求，包括课题的目的、内容、理由、根据和预期达到的经济效益。

（2）讨论和决策。课题选定以后，应发动有关部门和人员进行广泛的研究和讨论。对重大课题，可能要提出多种解决方案，然后进行各种方案的对比分析，从中选出最优方案。

（3）确定方案实施的方法步骤及负责执行的部门和人员。

（4）贯彻执行确定的方案。在执行过程中也要及时加以监督检查。方案实现以后，还要检查方案实现后的经济效益，衡量是否达到了预期的目标。

六、当前企业成本控制面临的问题

（一）从管理角度上说，企业对财务重视程度不够，这必然导致财务在成本控制上与实际相脱节

现代企业管理制度要求，在企业管理上，计划，协调，沟通，控制。事实表明，管理已成为企业的第一生命线，管理的好与坏，直接影响到国有老品牌企业的生存与可持续发展。财务管理作为企业管理的重要组成部分，现实中却没有起到应有的作用。成本的节约与控制直接影响到国有老品牌企业的成败。因此，首要问题是企业管理者、决策者应当着手解决财务上与实际相脱节的问题，把财

务当成一项重要的工作重视起来，发挥财务部门应有的作用。一个国有老品牌企业，无论是哪个部门，只要存在就是合理的，是企业有机系统的重要组成部分，要把重视做到实处，这样对企业有百利而无一弊。可以说，企业的每一个部门都是在为利润服务，利润是企业的第一生命力，无论哪项工作，都不能与企业利润相脱离，否则就应当抛弃。追求企业利润最大化，外企这样，私企这样，国有企业同样如此。

（二）提高财务人员的素质，提高财务人员的实际操作能力，提高会计人员的专业技能

无庸质疑，高素质人才是目前企业争夺的一项巨大资源，人才已成为新世纪企业的第一资本。因此，提高会计人员的素质是当前的重要问题，如果没有高素质的成本会计，成本核算与控制就成为一个口号，实际操作起来就会产生问题。第一，加强会计人员的培训。培训，不仅仅是在课堂上学习，施工企业的会计人员应当常去施工现场实地考察，有经验的带动经验不足的，在实践中发现问题，带着问题去实地学习。第二，鼓励会计人员加强学习，努力使得会计人员取得初级、中级、高级职称。会计中级技术考试的内容主要以工业企业会计为依托，可以说，在实际工作中，书本的知识能够真正运用的不多；但是，会计制度是相通的，只要真正的学习了，对施工企业的工作上的理解有极大的帮助，能够在遇到实际问题时，通过知识与经验的积累，很容易提出解决问题的方法，学习的目的就是为更好的工作服务。

（三）成本控制不只是会计人员的事情，成本的节约与控制需要自上而下全体员工的参与

在成本控制上，企业的材料其实占了很大的比例，因此，加强材料的控制，就成为首要问题。施工现场工作面大，管理难度大，这就需要全体员工提高成本意识，从企业领导到一线员工，让大家认识到，成本的节约关系到每个成员的切身利益。在提高成本意识的同时，要有一项严格的考核制度，合理的奖惩体

系。事实证明，奖励的支出要比浪费造成的损失小的多，当然，奖惩不是目的，要慢慢培养员工节约的意识。

七、成本控制的步骤

虽然控制对象各有不同，控制工作的要求也各不一样，但控制工作的过程基本是一致的，大致可分为四个步骤。

（1）确定控制标准，即确定评定工作绩效的尺度。管理者应以计划为基础，制订控制工作所需要的标准。

（2）衡量工作成效，即通过管理信息系统，采集实际工作的数据（与已制订的控制标准中所对应的要素），了解和掌握工作的实际情况。在这一过程中，要特别注意获取信息的质量问题，做到信息的准确性、及时性、可靠性、适用性。

（3）分析衡量的结果，即将实际工作结果与标准进行对照，找出偏差并分析其发生的原因，为进一步采取管理行动做好准备。这是控制中最需理智分析的环节，是否要进一步采取管理行动就取决于此。若分析结果表明没有偏差或只存在“健康”的正偏差，那么控制人员就不必再进行下一步，控制也就到此为止了。

（4）采取管理行动，纠正偏差。纠正偏差的方法不外乎两种：要么改进工作绩效，要么修订标准。

八、成本控制的主要方法

（一）绝对成本控制

绝对成本控制是把成本支出控制在一个绝对的金额中的一种成本控制方法。绝对成本控制的主要方法有标准成本和预算控制。

（二）相对成本控制

相对成本控制是指企业为了实现增加利润的目的，从成本、收入和产量三者的关系来控制成本的方法。

（三）全面成本控制

全面成本控制是指对企业成本形成中的全过程、生产经营所有过程中发生的全部成本、企业内所有员工参与的成本控制，以财富最大化目标，根据自身特点和情况，建立以管理制度、组织结构、管理模式、管理风格、成本控制方法等相结合的全面成本控制体系，建立成本控制模式和管理信息系统，完善科学管理与目标管理结合的全面成本控制制度。

（四）定额法

定额法以提前制订的产品定额成本作为标准，在生产中实时监控实际成本与定额成本的差异，以便管理者及时发现问题，分析原因，采取措施，并根据定额和差异额计算产品的实际成本。

（五）成本控制及时化

成本控制及时化是通过对现场每天发生的各项成本费用、完工产品数量的统计，班组长相关人员确认，再经过计算机软件的比较分析，得出成本指标是否实现及其原因。

（六）经济采购批量

指在一定时期内保持进货总量不变，使储存费用和采购费用总和最小的采购批量。

（七）价值工程法

价值工程法（Value Engineering，简称VE）又称为价值分析（Value Analysis，简称VA），它是一门新的管理技术，可以有效地提高经济效益、降低成本。

价值工程是通过有组织的活动和集体智慧对服务或产品进行功能分析，使目标以最低的总成本（寿命周期成本），可靠地实现服务或产品的必要功能，最终提高服务或产品的价值。价值工程法通过对选定研究对象的费用及功能分析，达到提高对象的价值的目的。这里的价值是指费用支出与获得的比例，其数学比例式为：价值=功能/成本。

（八）目标成本法

目标成本法创立于日本，为实现预期的利润，以给定的竞争价格来决定产品的成本。这种方法先确定客户能够为服务或产品付多少钱，然后再来设计相应的产品或服务和运营流程，以实现预期的利润。

九、小批量采购的成本控制方法

（一）寻求替代

当小批量采购的批量障碍难以突破，采购代价较高，而采购元器件又是同类产品的通用元器件时，企业可以考虑向同类生产厂家寻求采购替代，从同类生产厂家购买少量的替代品。而事实上，每个生产企业正常采购的每种原材料或元器件，在数量上要想达到刚好用完的准确程度是件很难的事，所以在生产企业的原材料仓库，各种品类的原材料或元器件经常会有少量的剩余。因此，对于那些在同类生产厂家可能存在替代品的零部件或原材料的小批量采购，寻求采购替代有时可以大幅度地降低采购成本，因为你所需要的东西或许正是其他同类生产厂家放在仓库、正急于进行处理的多余材料。

1.让技术人员参与采购

对于新产品的研发和试制，如果让生产技术人员参与采购，有时也可以减少采购的批量。一件新产品的试制，需要的原材料或元器件的数量只有技术人员最清楚。如果让技术人员直接与供应商沟通，可以让供应商确切地知道你采购的用途和数量的多少；供应商可以将你所需要的少量元器件安排在其他批量生产之中，从而可以用比正常最小批量还小的批量采购到所需的元器件，达到节约采购成本的目的。

2.与供应商结成战略联盟

通过与供应商结成战略联盟，也可以降低小批量采购成本。生产企业如果与供应商结成战略联盟，两者之间的关系就不再是简单的采购关系，而是一种长期合作的互惠互利的战略伙伴关系；双方不需要在一次交易中就急于收回成本，而是通过长期的交易来实现权利和义务的平衡。在这种合作关系下的小批量采购，供应商不会因为批量太小而不生产或要求很高的价格，反而会想办法节约成本，为长期的合作尽到自己的义务。

（二）联合采购

联合采购是指同类型的中小生产企业，为了在采购价格上获得有利地位，扩大采购批量，联合起来共同采购的一种采购方法。中小企业由于生产规模小，在采购中的被动地位是很明显的，但通过跨企业的联合采购就可以扩大采购批量，降低采购成本。在可能的情况下，中小企业可以考虑组织或加入采购联盟，在原材料采购上联合起来，就可以增加防范风险的能力。多家企业联合采购，集小订单成大订单，增强集体的谈判实力，获取采购规模优势，争得和大企业一样的“江湖地位”；联合采购直接面对制造商，这样就可以摆脱代理商的转手成本，通过直接与制造商交易，减少中间层次，大大降低流通成本和保障产品质量。

（三）第三方采购

第三方采购是企业将产品或服务采购外包给第三方公司。国外的经验表明，与企业自己进行采购相比，第三方采购往往可以提供更多的价值和购买经验，可以帮助企业更专注核心竞争力。第三方采购多以采购联盟的形式存在，通过第三方进行小批量采购，可以变小批量为大批量，加上采购联盟的行业地位与采购经验，可大大降低采购成本。

十、降低采购成本的十大手法

根据统计，全美Fortune200公司所使用的成本降低手法，最有效果的前十项如下（由于各手法的执行成效因企业而异，以下十项并无优先顺序可言）。

（一）Value Analysis（价值分析，VA）

价值分析是使用于新产品工程设计阶段。

（二）Value Engineering（价值工程，VE）

针对产品或服务的功能加以研究，以最低的生命周期成本，透过剔除、简化、变更、替代等方法，来达成降低成本的目的。价值分析使用于新产品工程设计阶段；而价值工程则是针对现有产品的功能/成本，作系统化的研究与分析，但现今价值分析与价值工程已被视为同一概念使用 。

（三）Negotiation（谈判）

谈判是买卖双方为了各自目标，达成彼此认同的协定过程，这也是采购人员应具备的最基本能力。谈判并不只限于价格方面，也适用于某些特定需求时，使用谈判的方式，通常所能期望达到价格降低的幅度约为3%—5%。如果希望达成更大的降幅，则需运用价格/成本分析、价值分析与价值工程（VA/VE）等手法。

（四）Target Costing（目标成本法）

管理学大师彼得·德鲁克（Peter F.Drucker）在企业的五大致命过失（Five deadly business sins）一文中提到，企业的第三个致命过失是，定价受成本的驱动（cost-driven pricing）。大多数美国公司，以及几乎所有的欧洲公司，都是以成本加上利润率来制订产品的价格。然而，他们刚把产品推向市场，便不得不开始削减价格，重新设计那些花费太大的产品，并承担损失；而且，他们常常因为价格不正确，而不得不放弃一种很好的产品。产品的研发应以市场乐意支付的价格为前提，因此必须假设竞争者产品的上市价，然后再来制订公司产品的价格。由于定价受成本驱动的旧思考模式，使得美国民生电子业不复存在。另外，丰田和日产把德国的豪华型轿车挤出了美国市场，便是采用价格引导成本（price-driven costing）的结果 。

（五）Early Supplier Involvement（早期供应商参与，ESI）

这是在产品设计初期，选择让具有伙伴关系的供应商参与新产品开发小组。经由早期供应商参与的方式，新产品开发小组对供应商提出性能规格

（Performance Specification）的要求，借助供应商的专业知识来达到降低成本的目的。

（六）Leveraging Purchases（杠杆采购）

各事业单位或不同部门的需求量，以集中扩大采购量，而增加议价空间的方式为之。避免各自采购，造成组织内不同事业单位向同一个供应商采购相同零件，却价格不同，但彼此并不知的情形，平白丧失节省采购成本的机会。

（七）Consortium Purchasing（联合采购）

主要发生于非营利事业的采购，如医院、学校等，经由统合各不同采购组织的需求量，以获得较好的数量折扣价格。这也被应用于一般商业活动之中，应运而起的新兴行业有第三者采购（Third-party Purchasing），专门替那些MRO需求量不大的企业单位服务。

（八）Design for Purchase（为便利采购而设计，DFP）

自制与外购（make or buy）的策略，在产品的设计阶段，利用协力厂的标准制程与技术，以及使用工业标准零件，方便原物料取得的便利性。如此一来，不仅大大减少了自制所需的技术支援，同时也降低了生产所需的成本。

（九）Cost and Price Analysis（价格与成本分析）

这是专业采购的基本工具，了解成本结构的基本要素，对采购者是非常重要的。如果采购不了解所买物品的成本结构，就不能算了解所买的物品是否为公平合理的价格，同时也会失去许多降低采购成本的机会。

（十）Standardization（标准化）

实施规格的标准化，为不同的产品专案、夹治具或零件使用共通的设计规格，或降低订制专案的数目，以规模经济量，达到降低制造成本的目的。但这只是标准化的其中一环，组织应扩大标准化的范围至作业程序及制程上，以获得更大的效益。

第三章

财务利润及其分配

第一节 财务利润管理及核算

一、利润的构成

企业的利润是指在一定时期内进行经营活动所取得的财务成果。它是衡量企业经营管理水平的一个重要指标，企业经营成果的好坏，都综合地体现在利润指标上。因此，企业应正确核算利润总额，并通过对这一指标的分析，不断地提高经营管理水平，获得更多的利润。此外，根据利润总额还可以求得各种盈利能力指标，为有关方面进行决策，提供重要参考资料。

（一）利润总额

企业的利润总额是由营业利润、投资收益以及营业外收支净额组成，其计算公式为：

利润总额 = 营业利润 + 投资净收益+营业外收入 − 营业外支出+补贴收入

（二）营业利润

营业利润是指物业管理企业从事服务业务活动所取得的纯收入。

营业利润 = 主营业务利润 + 其他业务利润

（三）主营业务利润和其他业务利润

1.主营业务利润

主营业务利润是指物业管理企业从事主营业务所取得的利润。主营业务是指为物业产权人、使用人提供维修管理和服务等业务活动。主营业务利润的计算公式为：

主营业务利润 = 营业收入 − 营业成本 − 营业税金及附加 − 管理费用 − 财务费用

2.其他业务利润

其他业务利润是指物业管理企业主营业务以外的其他业务活动所取得的利润。其他业务活动包括房屋中介代销活动、材料物资销售、利用商业用房从事兼营活动等。其他业务利润计算公式为：

其他业务利润 = 其他业务收入 – 其他业务支出

（四）投资收益

投资净收益是指物业管理企业对外投资活动所获得投资收益减去投资损失后的净额。其中，投资收益包括分回的股利和利润、债券利息收入、企业转让、出售股票或债券时，售价高于账面价值的差额，以及收回的其他投资大于原投资额的部分。投资损失包括企业转让、出售股票或债券时售价低于账面价值的差额，以及收回的其他投资小于原投资额的部分。

营业外收支是指企业生产经营活动没有直接关系的各项收入减去各项支出后的余额。

即：营业外收支净额 = 营业外收入 – 营业外支出。

（五）补贴收入

补贴收入是指国家拨给企业的政策性补贴和其它补贴。如部分房屋所转为物业管理企业后，由于承担直管公房和单位公房的管理任务，房屋租金低廉，无法满足正常维修运转，导致这部分物业管理企业严重亏损。财政部门和主管部门根据国家统一规定，拨给这部分物业管理企业一部分亏损补贴，物业管理企业收到亏损补贴后，作为补贴收入并入企业利润总额。

（六）营业外收支

营业外收入具体包括固定资产盘盈，处理固定资产收益，罚款净收入，确实无法支付的而按规定程序经批准后转作营业外收入的应付款项。

（七）营业外支出

（1）固定资产盘盈和出售净收益，是指按固定资产原价减去计提折旧后的差额。出售的净收益是指转让或变卖固定资产取得的价款减去清理费用、应交税金后的差额与固定资产账面净值的差额。

（2）因债权人确实无法支付的应付款项，是指因债权人单位变更或撤销的原因，确实无法支付的应付款项。

（3）罚款收入，是指企业取得的对方违反国家有关行政管理法规，按照规定收取的各种罚款。

（4）教育费附加返还款，是指自办职工子弟学校的企业，在交纳教育费附加后，教育部门返还给企业的所办学校经费。

（5）营业外支出，包括固定资产盘亏、报废、毁损和出售的净损失，非季节性的停工损失、非常损失，职工子弟学校经费、公益救济性捐赠、赔偿金、违约金等。

（6）固定资产盘亏、报废、毁损和出售的净损失中的盘亏和毁损净损失，是指按照原价扣除累计折旧，过失人及保险公司赔款后的差额。报废的净损失是指变价收入减去清理费用后与账面净值的差额。出售的净损失是指转让或变卖固定资产所取得的价款减去清理费用。

（7）非季节性的停工损失，是相对季节性停工损失而言的。

（8）非常损失，是指自然灾害造成各种资产净损失，还包括由于造成停工的损失和善后清理费用。

（9）职工子弟学校经费，是指企业按照国家规定自办的职工子弟学校支出大于收入的差额。

（10）公益救济性捐赠，是指企业对国内重大救灾或慈善事业的救济性捐赠支出。

（11）赔偿金、违约金，是指企业因未履行合同、协议而向其他单位支付的赔偿金、违约金。

（12）罚款性支出，不包括被没收的财产损失和支付各种税收的滞纳金和罚款，它们应该在税后利润中列支。

二、利润的核算

（一）账户的设置

为了核算和监督企业利润的形成，物业管理企业应设置如下账户。

（1）“本年利润”账户，是核算企业在本年度实现的利润总额的账户。贷方登记企业当期实际的营业收入，其它业务收入、营业外收入、投资收益等；借方登记当期实现的营业成本、营业税金及附加、管理费用、财务费用、其他业务支出、营业外支出等。余额如果在贷方，则为实现利润数；余额如果在借方，则为实现亏损数。年终将“本年利润”的账户余额全部转入“利润分配”账户，结转后本账户没有余额。

（2）“营业外收入”账户，属于损益类账户，贷方登记本期发生的各项营业收入；借方平时不登记，期末应将本账户的余额从借方转入“本年利润”账户贷方。结转后，该账户无余额。该账户应按收入项目设置明细账。

（3）“营业外支出”账户，属损益类账户，借方登记发生的各项营业外支出，贷方平时不登记；期末将本账户余额从该账户贷方全部转入“本年利润”账户借方，结转后本账户应无余额。该账户应按支出项目设置明细账。

（4）“补贴收入”账户，属损益类账户，用来核算企业应收取的补贴收入。该账户贷方登记原收的政策性亏损补贴和其他补贴，借方登记已结转的补贴收入；期末该账户余额全部转入“本年利润”账户的贷方，结转后，该账户应无余额。

（二）利润的账务处理

例1：某物业管理企业年终结转出售固定资产的净收入2 000元，根据固定资产清理明细账，作会计分录如下。

借：固定资产清理 2 000

　　贷：营业外收入 2 000

例2：某物业企业1997年欠XX工程队工程款1 200元，因该工程队已撤消，报经批准后，转作营业外收入。根据应付账款明细账，及有关审批文件，作会计分录如下。

借：应付账款——XX工程队 1 200

　　贷：营业外收入 1 200

期末将上项收入结转本年利润

借：营业外收入 3 200

　　贷：本年利润 3 200

例3：某物业企业支付提供救灾捐赠10 000元。根据“付款凭证”及支票存根作会计分录如下。

借：营业外支出——公益救济性捐赠 10 000

　　贷：银行存款 10 000

例4：某物业企业因未按借款合同约定的用途使用借款，按规定支付罚金4 000元。根据付款凭证，作会计分录如下。

借：营业外支出——违约金 4 000

　　贷：银行存款 4 000

期末，将本期发生的营业外支出结转“本年利润”账户：

借：本年利润 14 000

　　贷：营业外支出 14 000

期末，企业结转到“本年利润”的损益类账户，包括“主营业务收入”、“其他业务收入”、“营业外收入”、“投资收益”、“主营业务成本”、“营业税金及附加”、“管理费用”、“财务费用”、“其他业务支出”、“营业外支出”等账户。

例5：某物业管理企业1997年12月末各损益类账户余额如下：营业收入40 000元，其他业务收入50 000元，营业外收入5 000元，投资收益10 000元，营业成本20 000元，其他业务支出30 000元，管理费用10 000元，财务费用600元，营业外支出500元。作会计分录如下。

（1）结转收入。

借：主营业务收入 40 000

其它业务收入 50 000

营业外收入 5 000

投资收益 10 000

贷：本年利润 105 000

（2）结转成本与费用。

借：本年利润 61 100

贷：主营业务成本 20 000

其他业务支出 30 000

管理费用 10 000

财务费用 600

营业外支出 500

"本年利润"账户贷方发生额105 000元，与借方发生额61 100元，相抵后的贷方余额即利润总额为43 900元。

按照现行会计制度的规定，各月利润总额和累计利润的计算，可以采用"账结"的方法，也可以采用"表结"方法。"账结"的方法是在每月将损益类账户的余额全部转入"本年利润"账户，通过"本年利润"账户结出本月份利润或亏损总额以及本年累计损益。如果采用"表结"的方法，每月结账时，各损益类账户的余额不需要结转到"本年利润"账户，只有到了年度终了进行决算时，才用"账结"法将损益类各科目的全年累计余额转入"本年利润"科目，在"本年利润"科目中集中反映本年的全年利润及其构成情况。因此，每月结账时，只要结出各损益类账户的本年累计数，就可以根据这些余额，逐项填入"损益表”，通过“损益表”计算出从年初到本月止的本年累计数，然后减去上月末本表中的本年累计利润，就是本月份利润或亏损。企业在“表结”利润情况下，每月编制“资产负债表”时，如果平时不进行利润分配，表内“未分配利润”项目应填到“损益表”中净利润；如果平时进行部分利润分配，应根据“损益表”中的净利润项目与“利润分配”账户余额的差额，填到“资产负债表”中的“未分配利润”账户。

三、所得税概述

会计和税收是经济领域中两个不同的分支，两者分别遵循不同的原则，规范不同的对象。会计核算必须遵循一般会计原则，其目的是为了全面、真实、完整地反映企业的财务状况、经营业绩以及财务状况变动的全貌，为报表使用者提供有用的财务资料。所得税是以课税为目的，对企业的经营所得以及其他所得进行征税。由于会计与税收对损益计算或纳税所得计算的目的不同，因此，对收入、费用、利润等确认与计算方法也不同。所以，按会计方法计算的税前会计利润与按税收法规计算的纳税所得经常存在着差异，这种差异主要有两种。

（一）永久性差异

永久性差异，是指同一时期的纳税所得与会计利润不一致，二者间的差额在以后各期不能转回。形成这种差额的原因主要是会计与税收在其计算收益或所得时所确认的收支口径不同。永久性差异既可能导致纳税所得大于税前会计利润，也可能导致纳税所得小于税前会计利润。

1.调增纳税所得

企业根据会计制度进行账务处理时，可将一些费用支出计入当期损益，从而减少当期税前会计利润。但按所得税法规定，这些费用支出在计算纳税所得时，不能从中扣除。这样在计算纳税所得时，就要调增一些项目。需调增纳税所得永久性费用支出项目如下。

（1）企业违法经营的罚款和被没收财产的损失。

（2）各项税收的滞纳金、罚款和罚金。

（3）超出国家规定允许扣除的公益、救济性捐赠，以及非公益、救济性捐赠。

（4）各种非广告性质的赞助支出。

（5）超出规定的利息支出。税法规定，企业发生的向非金融机构借款利息（含发行债券）支出，高于按照金融机构同类、同期贷款利率计算的数额部分，不得扣除。

（6）超过核定计税工资标准的工资性支出。

（7）超标准的业务招待费。

（8）超标准计提的坏账准备、商品削价准备等。

（9）企业在建工程，职工福利、管理部门领用本企业的商品、产品。

2.调减纳税所得

企业根据会计制度，可将一些收入计入当期损益，从而增加税前会计利润；但按税法规定，这些收入在计算纳税所得时可以扣除，即享受免税待遇，调减纳税所得。永久性差异收入项目主要如下。

（1）企业购买国债的利息收入。

（2）企业从其他单位分回的已经缴纳所得税的利润。如果双方适用税率不同，企业从其他单位分回的已纳税的利润，在计算纳税所得时仍需调整。

（二）时间性差异

时间性差异，是指一个时期内的纳税所得和税前利润间的差额，其发生是由于有些收入项目、支出项目计入纳税所得的时间与计入税前会计利润时间不一致。时间性差异发生在某一时期，但在以后的一期或若干期内转移。时间性差异的影响，可能造成在某一特定时期内计入税前会计利润和计入纳税所得的金额不同，但最终的总金额是一致的。

企业税前会计利润和纳税所得之间出现时间性差异的项目，主要由以下几点造成。

（1）企业改变折旧年限和折旧方法。

（2）未经批准改变存货计价方法，如将存货发出或销售的计价方法由先进先出法改为后进先出法。

（3）不按税法和财务制度规定的方法和期限进行无形资产和递延资产摊销。

四、所得税费用的会计处理方法

由于纳税所得和税前会计利润在计算口径与时间上不一致而形成的永久性差异和时间性差异，在会计核算上可以采用两种方法处理：一是应付税款法；二是纳税影响会计法。

（一）应付税款法

应付税款法是指按当期纳税所得计算的应交所得税，确认所得税费用计入当期损益的一种核算方法。在采用此法进行核算时，企业按税法规定对税前会计利润进行调整，进而计算应纳税所得和应交所得税款；这样，本期税前会计利润和纳税所得之间的差异所造成的影响纳税的金额就直接计入当期损益，而不递延到以后期间。应付税款法主要适用于永久性差异的处理。为了反映企业所得税费用的发生情况，企业应单独设置“所得税”账户，该账户借方登记企业按规定从当期损益中扣除的所得税额，贷方登记期末转入“本年利润”账户的所得税费用；结账后该账户应无余额。

例6：红宇物业管理企业年底结算出税前会计利润30万元，当前发生以下纳税调整项目。

①企业经核定的计税工资25万元，实际支付27万元。

②在管理费用中列支的业务招待费中有1万元超过税法规定准予扣除部分，该企业全年营业收入按规定应扣除6万元，企业应开支7万元。

③投资收益中，从联营单位分来的已纳税利润2万元。

纳税所得=300 000元+20 000元+10 000元-20 000元=310 000元

应纳所得税=310 000元×33%=102 300元

借：所得税 102 300

　　贷：应交税金——应交所得税 102 300

年终，将所得税结转“本年利润”账户时：

借：本年利润 102 300

　　贷：所得税 102 300

企业净利润 300 000元-102 300元=197 700元

实际缴纳所得税时，作会计分录为：

借：应交税金——应交所得税 102 300

　　贷：银行存款 102 300

在实际中，企业所得税的征收是按季或月预缴，年终汇算清缴。企业预交所得税时，应按纳税期限的实际数预交，借记“应交税金——应交所得税”账户或贷记“银行存款”账户。

（二）纳税影响会计法

纳税影响会计法是指将本期税前会计利润和纳税所得之间的时间性差异影响纳税的金额，递延或分配到以后各期的一种核算方法；在这种方法下，企业将时间性差异影响纳税的金额单独列出来，作为递延税款处理，并将其保留到时间差异发生相反变化以后期间予以转销。这种方法在具体处理时又分为“递延法”和“债务法”两种。

在影响纳税会计法核算方式下，设置“递延税款”账户，该账户借方登记企业本期税前会计利润小于纳税所得产生的时间性差异影响纳税的金额，以及本期转销的已确认的时间性差异对纳税影响的贷方数额；贷方反映企业本期税前会计利润大于纳税所得产生的时间性差异影响纳税的金额以及本期转销已确认的时间性差异对纳税影响的借方数额；期末余额可能借方也可能贷方，反映尚未转销的时间性差异影响纳税的金额。

1.递延法

递延法是将本期由于时间差异而产生的影响纳税的金额，保留到这一差异发生相反变化在以后期间予以转销。现举例说明递延法的核算。

例7：某物业管理公司1994年购入设备一台，价值120 000元，按税法规定应按5年折旧完毕，但该企业决定采用直线法在3年内提完全部折旧。假定该企业五年内的税前会计利润分别为40 000元、45 000元、50 000元、55 000元、60 000元，则每年应税利润分别为56 000元、61 000元、66 000元、31 000元、36 000元，所得税税率为33%，各年应纳所得税的会计分录为：

按税法规定的折旧年限计算每年应提折旧额=120 000元/5=24 000元

时间性差异：40 000元-24 000元=16 000元

第一年末：

借：所得税 13 200

递延税款 280

贷：应交税金——应交所得税 18 480

第二年末：

借：所得税 14 850

递延税款 5 280

贷：应交税金——应交所得税 20 130

第三年末：

借：所得税 16 500

递延税款 5 280

贷：应交税金——应交所得税 21 780

第四年末：

借：所得税 18 150

贷：递延税款 7 920

贷：应交税金——应交所得税 10 230

第五年：

借：所得税 19 800

贷：递延税款 7 920

应交税金——应交所得税 11 880

2.债务法

债务法是将本期由于时间性差异而产生的影响纳税的金额，保留到这一差异发生相反变化时转销。当税率变更或开征计税时，要按变更的税率或开证的计税，对已确认的递延税款的余额进行调整。

例8：依据上例资料，上例从第四年起所得税税率若改为30%计算征收，则调整前三年按33%税率计算的所得税对纳税的影响为1 440元，按每年时间性差异16 000×3（33%-30%）=1 440元。会计处理上，头3年同递延法相同，但是在第四年末时，同时须编由于税率调整对纳税的影响及应交所得税的会计分录如下：

第四年年末：

借：所得税 1 440

贷：递延税款 1 440

同时，

借：所得税 16 500

贷：递延税款 7 200

应交税金——应交所得税 9 300

第五年年末：

借：所得税 19 800

贷：递延税款 9 000

应交税金——应交所得税 10 800

第二节　财务利润分配

利润分配，是将企业实现的净利润，按照国家财务制度规定的分配形式和分配顺序，在企业和投资者之间进行的分配。利润分配的过程与结果，是关系到所有者的合法权益能否得到保护，企业能否长期、稳定发展的重要问题，为此，企业必须加强利润分配的管理和核算。企业利润分配的主体是投资者和企业，利润分配的对象是企业实现的净利润；利润分配的时间是利润分配义务发生的时间和企业作出决定向内向外分配利润的时间。

一、基本原则

（一）依法分配的原则

企业利润分配的对象是企业缴纳所得税后的净利润，这些利润是企业的权益，企业有权自主分配。国家有关法律、法规对企业利润分配的基本原则、一般次序和重大比例也作了较为明确的规定，其目的是为了保障企业利润分配的有序进行，维护企业和所有者、债权人以及职工的合法权益，促使企业增加积累，增强风险防范能力。国家有关利润分配的法律和法规主要有《公司法》、《外商投资企业法》等，企业在利润分配中必须切实执行上述法律法规。利润分配在企业内部属于重大事项，企业的章程必须在不违背国家有关规定的前提下，对本企业利润分配的原则、方法、决策程序等内容作出具体而又明确的规定，企业在利润分配中也必须按规定办事。

（二）资本保全的原则

资本保全是责任有限的现代企业制度的基础性原则之一，企业在分配中不能侵蚀资本。利润的分配是对经营中资本增值额的分配，不是对资本金的返还。按照这一原则，一般情况下，企业如果存在尚未弥补的亏损，应首先弥补亏损，再进行其他分配。

（三）充分保护债权人利益的原则

债权人的利益按照风险承担的顺序及其合同契约的规定，企业必须在利润分配之前偿清所有债权人到期的债务，否则不能进行利润分配。同时，在利润分配之后，企业还应保持一定的偿债能力，以免产生财务危机，危及企业生存。此外，企业在与债权人签订某些长期债务契约的情况下，其利润分配政策还应征得债权人的同意或审核方能执行。

（四）多方及长短期利益兼顾的原则

利益机制是制约机制的核心，而利润分配的合理与否是利益机制最终能否持续发挥作用的关键。利润分配涉及投资者、经营者、职工等多方面的利益，企业必须兼顾，并尽可能地保持稳定的利润分配。在企业获得稳定增长的利润后，应增加利润分配的数额或百分比。同时，由于发展及优化资本结构的需要，除依法必须留用的利润外，企业仍可以处于长远发展的考虑，合理留用利润。在积累与消费关系的处理上，企业应贯彻积累优先的原则，合理确定提取盈余公积金和分配给投资者利润的比例，使利润分配真正成为促进企业发展的有效手段。

二、分配项目

按照《公司法》的规定，公司利润分配的项目包括以下部分。

（一）法定公积金

法定公积金从净利润中提取形成，用于弥补公司亏损、扩大公司生产经营或者转为增加公司资本。公司分配当年税后利润时，应当按照10%的比例提取法定公积金；当法定公积金累计额达到公司注册资本的50%时，可不再继续提取。任意公积金的提取由股东会根据需要决定。

（二）股利（向投资者分配的利润）

公司向股东（投资者）支付股利（分配利润），要在提取公积金之后。股利（利润）的分配应以各股东（投资者）持有股份（投资额）的数额为依据，每一股东（投资者）取得的股利（分得的利润）与其持有的股份数（投资额）成正比。股份有限公司原则上应从累计盈利中分派股利，无盈利不得支付股利，即所谓“无利不分”的原则。但若公司用公积金抵补亏损以后，为维护其股票信誉，经股东大会特别决议，也可用公积金支付股利。

三、分配顺序

利润分配的顺序根据《中华人民共和国公司法》等有关法规的规定，企业当年实现的净利润，一般应按照下列内容、顺序和金额进行分配。

（一）计算可供分配的利润

将本年净利润（或亏损）与年初未分配利润（或亏损）合并，计算出可供分配的利润。如果可供分配的利润为负数（即亏损），则不能进行后续分配；如果可供分配利润为正数（即本年累计盈利），则进行后续分配。

（二）提取法定盈余公积金

在不存在年初累计亏损的前提下，法定盈余公积金按照税后净利润的10%提取。法定盈余公积金已达注册资本的50%时可不再提取。提取的法定盈余公积金用于弥补以前年度亏损或转增资本金。但转增资本金后留存的法定盈余公积金不得低于注册资本的25%。

（三）提取任意盈余公积金

任意盈余公积金计提标准由股东大会确定，如确因需要，经股东大会同意后，也可用于分配。

（四）向股东（投资者）支付股利（分配利润）

企业以前年度未分配的利润，可以并入本年度分配。公司股东会或董事会违反上述利润分配顺序，在抵补亏损和提取法定公积金之前向股东分配利润的，必须将违反规定发放的利润退还公司。

四、会计分录

（一）所得税的缴纳

借：所得税费

贷：应交税费——应交所得税

具体是：

计提时：

借：所得税

贷：应交税费——所得税

缴纳时：

借：应交税费——应交所得税

贷：银行存款等

结转时：

借：本年利润

贷：所得税费

（二）将本年利润转入利润分配

借：本年利润

贷：利润分配——未分配利润

（三）提取法定盈余公积（税后利润的10%）和任意盈余公积（根据公司章程规定的比例计算）

借：利润分配——提取法定盈余公积

——提取 任意盈余公积

贷：盈余公积——法定盈余公积

——任意盈余公积

如有优先股。应在“任意盈余公积”前分配股利

（四）分配股利（根据董事会决议）

借：利润分配——应付股利

　　贷：应付股利

（五）结转利润分配

借：利润分配——未分配利润

　　贷：利润分配——提取法定盈余公积

　　　　　　　　——提取任意盈余公积

　　　　　　　　——应付股利

（六）以盈余公积弥补以前年度亏损

借：盈余公积

　　贷：利润分配——盈余公积转入

五、账务处理

利润分配的主要账务处理如下。

（1）企业按规定提取的盈余公积，借记本科目（提取法定盈余公积、提取任意盈余公积），贷记“盈余公积——法定盈余公积、任意盈余公积”科目。

外商投资企业按规定提取的储备基金、企业发展基金、职工奖励及福利基金，借记本科目（提取储备基金、提取企业发展基金、提取职工奖励及福利基金），贷记“盈余公积——储备基金”、“企业发展基金”、“应付职工薪酬”等科目。

（2）经股东大会或类似机构决议，分配给股东或投资者的现金股利或利润，借记本科目（应付现金股利或利润），贷记“应付股利”科目。经股东大会或类似机构决议，分配给股东的股票股利，应在办理增资手续后，借记本科目（转作股本的股利），贷记“股本”科目。

（3）用盈余公积弥补亏损，借记“盈余公积——法定盈余公积或任意盈余公积”科目，贷记本科目（盈余公积补亏）。

（4）年度终了，企业应将全年实现的净利润，自“本年利润”科目转入“利润分配——未分配利润”科目，并将“利润分配”科目下的其他有关明细科目的余额，转入“未分配利润”明细科目。结转后，“未分配利润”明细科目的贷方余额，就是累积未分配的利润数额；如为借方余额，则表示累积未弥补的亏损数额。结转后，本科目除“未分配利润”明细科目外，其他明细科目应无余额。

第三节　股利支付与股利政策

一、股利及其种类

股利是股份制企业从公司利润中以现金、股票的形式或以其他形式支付给公司投资者的报酬，是利润分配的一种形式。股利按其支付方式的不同而分为现金股利、股票股利、实物股利和负债股利等形式。

（一）现金股利

现金股利是用货币资金支付股利的形式，这种支付方式是公司在分配股利时常用的方式，也是投资者最容易接受的方式。这种方式能满足大多数投资者希望得到一定数量的现金作为投资收益的愿望，但这种分配方式无疑会大量增加公司的现金流出量，给公司形成支付压力。如果公司现金比较充足，则可考虑采用此方式。如果公司在股利支付之后会有大量现金流入，也可采用暂时筹集短期资金解决股利支付的现金问题。但当公司目前现金不足，而外部筹集又受到限制时，就只能采用其他方式支付股利，这要由企业实力来决定。

由于现金股利会减少公司现金，影响资产变现能力，所以公司在发放现金股利的同时，采取措施吸引投资者将其获得的股利再投资到企业中去。通常做法有：说服股东将分得的现金股利购买公司新股，用于公司再投资等。

现金股利按发放的稳定性和规律性，可分为正常股利、额外股利、清算股利三种形式。

（1）正常股利。指公司根据自身的经营状况和盈利能力，有把握在未来一定时期按时、按量支付的股利。这部分股利也称股息，因为其稳定性与债券的债息相似。

（2）额外盈利。由于某种原因，公司不愿对某些股利定期支付做出保证，或者没有能力做出保证，因而称为额外股利，又成为分红，表示与股息的区别。额外股利的发放与否、发放多少，完全与公司当期的收益状况和投资决策密切相关。正常股利与额外股利都是对股东权益和税后利润的分配。

（3）清算股利。指公司清算资产时，将偿付债权人之后的剩余部分在股东之间进行分配。清算股利不是来源于公司的现金和留存收益，而是来源于公司资产的减少。

（二）股票股利

股票股利是指公司利用增发股利的形式支付给股东的股利，即公司通常是按现有股东持有股份的比例，来分配每个股东应得到新股的数量，其实质是增发股票。有两种情况：一是公司以新发行的股票分配给股东；二是当企业注册资本尚未足额时，以其未被认购的股票作为股利分配给股东。在具体操作上，可以在增资发行新股时增资配股，即股东在不用支付现金及资产的情况下就能得到公司新发行的股票。

股票股利的优点主要有以下几点。

（1）公司分配股票股利可以降低股利支付率，在不影响股东心理状态情况下，可将大量股利作为公司留存收益，用于企业发展及扩大再生产对资金的需要。

（2）股票股利能够沟通股东和公司决策层之间的思想，发放股票股利的目的在于公司的发展和进一步扩大再生产，不是公司无力发放；由此使股东理解而不感到失望，能够维持股票市场价格的稳定。

（3）如果企业能够做到在保持每股现金股利不变的情况下，同时分配股票股利，还可以达到增加现金股利的目的。

（4）如果公司股票的市场信誉较高，股东往往也愿意接受以股票股利分配股利的形式，可以使股票市场价维持在合乎交易需要的范围内；尤其当公司不希望由于股票价格过高而失去一些投资者购买热情时，利用股票股利常能达到目的。

（三）实物股利

实物股利是指公司以发给股东除现金以外的资产（如公司实物资产、实物产品、其他公司有价证券等）支付股利。这种情况一般适用于支付额外股利，由于这种形式不会增加公司的现金流出，所以当公司资产变现能力较弱时，还是可取的一种支付股利方式。但是这种支付方式有两大缺点：一是不易为广大股东所接受，因为股东持有股票的目的是为了获取现金收入，而不是为了分得实物；二是以实物支付股利会严重影响公司形象，社会上会普遍认为公司财务状况不好、变现能力下降、资金流转不畅，对公司发展失去信心，由此导致股票市价的大跌。因此，这种支付方式非到不得已的情况下，不宜采用。

（四）负债股利

负债股利是企业以负债形式发放股利，这种发放形式通常是公司以应付票据或公司债券抵制股利。由于票据和债券都是带息的，所以会使公司支付利息的压力增大，但可以缓解企业资金不足的矛盾。这种股利发放方式只是公司的一种权宜之策，股东往往也不欢迎这种股利支付方式。

另外，当企业受到各方面的限制而不能发放更多的现金股利时，公司可以用现金收回已发行的股票，这就是股票的购回。这种方式有时也被认为是间接支付股利的一种形式。公司将流传在外的股票重新购回，会减少在外的股票数，从而引起每股收益的增加，导致股票市价上涨，从而使股东由股价上涨而得到的资本收入代替了股利收入。当企业经营状况好，而且有很多闲置资金时，可以采取这种形式。

二、股利支付程序

公司每年向股东支付一次股利，由于股票可以自由买卖，公司的股东及股东持有股份都是处于经常性的变动之中。所以，公司究竟应向哪些股东支付本年股利，必须确定一些必要的时间界限，主要包括股利宣告日、股权登记日和股利支付日。企业必须正确理解和运用这一程序，避免产生不必要的混乱和误解。

（一）股利宣告日

股利宣告日即公司董事会将股利支付情况予以公告的日期。公告中将宣布每股支付股利数额、股权登记期限、除去股息的日期和股利支付日期。例如xx公司在2008年12月10日宣告发放股利的声明：xx公司董事会于2008年12月10日开会，宣布发放每股1.5元的正常股利。xx公司将于2009年1月30日将上述股利支付给那些在2008年12月30日登记为xx公司股东的人士。

（二）股权登记日

登记日即有权领取股利的股东有资格登记的截止日期，也称为除权日。只有在股权登记日前在公司股东名册上有名字的股东，才有权分享股利。例如，上例提到的2008年12月30日，公司结束当天的营业后，它会终止股票所有权的转移业务，并印出当天的股东名册。如果S股东将股票转让给L股东，而且在12月30日下班前办妥了股票所有权的转移手续，则股东L可以收到股利；如果是在12月31日或以后才办妥手续，则由股东S得到股利，而股东L不能得到股利。

（三）股利支付日

股利支付日即向股东发放股利的日期。如上例中，xx公司2009年1月30日才会将股息支付给应该领取股利的股东。

三、影响股利分配的因素

公司股利分配是在制约因素影响的情况下进行的，公司不可能脱离这些因素的影响。影响公司股利分配的因素主要有以下几个方面。

（一）内部因素

（1）企业的盈利状况。企业的盈利状况是制约股利分配的首要因素，也只有当企业盈利时，才谈得上鼓股利的分配问题。公司必须要以其盈利水平及未来的发展趋势为出发点，研究派发股利的形式、股利的多少、派发的时间等。另外，公司盈余的稳定性也是考虑分发股利高低的主要因素，一般来说，盈余比较稳定的公司，其股利可高些；盈余状况不够稳定的公司则可采用低股利政策，以使公司将更多的盈余转为再投资，逐渐提高公司盈利水平，并降低财务风险。

（2）公司变现能力。变现能力即指公司资产的流动性，保持公司现金一定的流动性是提高其偿债能力及正常经营需要且必须的。过多的现金股利支付则会减少公司现金的持有量，降低资产的流动性。所以，公司在制订股利分配政策时，应充分预测一定时期公司现金收入和支出情况，并考虑现金不足时的筹资方向和筹资数额，以保证企业生产经营活动的正常进行。

（3）融资能力。对于经营好、利润高、举债融资能力比较强的公司，在股利支付方式、支付数额的选择上则会有较大的余地。但对于实力较弱、风险较大、资金短缺而融资能力比较弱的公司来说，应考虑更多的留存收益以增加其资本数额，为企业发展准备更多的资金，同时也会降低公司的财务风险，这一点股东是会充分理解的。

（4）债务需要。对于需要较多资金偿还债务的公司，既可以通过举借新债、发行新股来进行筹资还债，也可以直接用经营积累偿还债务。如果公司筹资成本较高，或受到其他条件限制时，公司减少股利支付数额，用更多的经营积累还债还是比较合适的。

（二）外部因素

1.法律限制

国家为了保护股东权益和债权人权益，《公司法》《证券法》等有关法律文件对公司的股利分配经常有如下限制。

（1）资本完整性上的限制。如：企业在弥补亏损、提取法定盈余公积金之前不得分配股利；公司不能用资本（包括股本和资本公积金）发放股利。

（2）无力偿付的期限。即公司无力偿还到期债务，或者因为支付股利而会使其失去偿债能力时，则不能分配股利。

（3）超额累积利润。由于股东接受分发的股利而缴纳的所得税高于其进行股票交易的所得税，公司可以通过累积利润使股价上涨来帮助股东避税，因此许多国家规定公司不得超额累积利润；一旦公司的保留收益超过法律认可的水平，将被加征额外税额。我国现尚未对此作出限制。

2.合同上的限制

公司在进行债务融资时，常常要在债券与贷款合同上载有限制股利分配的有关条款，目的是为了保证企业偿还到期债务的能力。另外，公司若发行优先股，则合同中也要求在未清偿优先股股利之前，不能派发普通股股利。这些合同条款在某种程度上限制了公司的股利政策，在制订公司股利发放政策时应给予认真对待。

3.投资机会

有良好投资机会的公司，由于需要较多的资金，此时从公司的长远利益考虑，往往采取低股利政策，将大部分盈余资金用于投资。而缺乏良好投资机会的公司，倾向于采取高股利政策，以避免大量的资金积压或闲置。因此，处于成长中的公司往往采取低股利政策，陷于经营收缩的公司多采用高股利政策。

4.股东意见

公司股利政策虽由董事会制订，但董事会必须向股东大会负责。所以，董事会在制订股利政策时，必须考虑股东的意见。股东从自身利益出发，对公司股利分配往往产生一些影响。

（1）稳定收入和避税。有相当一些股东要求公司支付较稳定的股利，如果公司留存收益过多，则会受到这部分股东的反对；另外，一些高股利收入的股东出于避税的考虑，会反对公司发放较高的股利。

（2）控制权的稀释。公司若支付较高的股利，则会减少公司的留存收益，导致公司资金流量及支付能力下降，这就意味着公司未来发行新股的可能性增大，而发行新股必然会稀释公司的控制权。所以，对于老股东来说，为保证其对公司的控制权限，宁肯少分配股利增加公司累积，而不同意公司增发新股。

5.通货膨胀

在通货膨胀率较高的情况下，会导致公司购买力的下降，公司将拿不出更多的资金用于固定资产的更新和改造，这将直接影响到公司的生存和发展。因此，公司在通货膨胀情况下，会采取较低分配股利的政策，以更多的留存收益来补充资金的不足，提高公司的购买力水平。

四、公司常用的股利政策

股利支付与留存收益存在着彼此消长的关系，股利分配政策既决定了股东分配股利的多少，也决定了公司留存收益的多少，这对股东的收入及公司未来的发展都会产生重要影响。在实际工作中，公司常采用的股利政策如下。

（一）剩余股利政策

剩余股利政策是以首先满足公司资金需求为出发点的股利政策。根据这一政策，公司按如下步骤确定其股利分配额：

（1）确定公司的最佳资本结构；

（2）确定公司下一年度的资金需求量；

（3）确定按照最佳资本结构，为满足资金需求所需增加的股东权益数额；

（4）将公司税后利润首先满足公司下一年度的增加需求，剩余部分用来发放当年的现金股利。

剩余股利政策适用于那种有良好的投资机会，对资金需求比较大，能准确测定出目标（最佳）资本结构，并且投资收益率高于股票市场必要报酬率的公司；同时也要求股东对股利的依赖性不十分强烈，在股利和资本利得方面没有偏好或者偏好于资本利得。从公司的发展周期来考虑，该政策比较适合于初创和成长中的公司。对于一些处于衰退期，又需要投资进入新的行业以求生存的公司来说，也是适用的。当然，从筹资需求的角度讲，如果在高速成长阶段，公司分配股利的压力比较小，也可以采用剩余股利政策以寻求资本成本最低。事实上，很少有公司长期运用或是机械地照搬剩余股利理论，许多公司运用这种理论来帮助建立一个长期的目标发放率。

（二）固定或持续增长股利政策

以确定的现金股利分配额作为利润分配的首要目标优先予以考虑，一般不随资金需求的波动而波动。这一股利政策有以下两点好处。

（1）稳定的股利额给股票市场和公司股东一个稳定的信息。

（2）许多作为长期投资者的股东（包括个人投资者和机构投资者）希望公司股利能够成为其稳定的收入来源，以便安排消费和其他各项支出。稳定股利额政策有利于公司吸引和稳定这部分投资者的投资。

采用稳定股利政策，要求公司对未来的支付能力作出较好的判断。一般来说，公司确定的稳定股利额不应太高，要留有余地，以免形成公司无力支付的困境。固定股利或稳定增长股利政策适用于成熟的、生产能力扩张的需求减少、盈利充分并且获利能力比较稳定的公司。从公司发展的生命周期来考虑，稳定增长期的企业可用稳定增长股利政策，成熟期的企业可借鉴固定股利政策。而对于那些规模比较小，处于成长期，投资机会比较丰富，资金需求量相对较大的公司来说，这种股利分配政策并不适合。

（三）固定股利支付率政策

这一政策要求公司每年按固定的比例从税后利润中支付现金股利。从企业支付能力的角度看，这是一种真正稳定的股利政策；但这一政策将导致公司股利分配额的频繁变化，传递给外界一个公司不稳定的信息，所以很少有企业采用这一股利政策。

低正常股利加额外股利政策是一种介于固定股利政策和变动股利政策之间的折中的隔离政策。每期都支付稳定的较低的正常股利额，当企业盈利较高时，再根据实际情况发放额外股利。低正常股利加额外股利政策，既可以维持股利一贯的稳定性，又有利于使公司的资本结构达到目标资本结构，灵活性与稳定性较好结合，因而为许多公司所采用。

固定股利支付率政策虽然有明显的优点，但是所带来的负面影响也是比较大的，所以很少有公司会单独地采用这种股利分配政策，而大都是充分考虑自身因素，和其他政策相结合使用。

（四）低正常股利加额外股利政策

低正常股利加额外股利政策适用于处于高速增长阶段的公司。因为公司在这一阶段迅速扩大规模，需要大量资金；而由于已经度过初创期，股东往往又有分配股利的要求，该政策就能够很好地平衡资金需求和股利分配这两方面的要求。另外，对于那些盈利水平各年间浮动较大的公司来说，无疑也是一种较为理想的支付政策。

以上是借鉴公司发展的生命周期理论来分析如何适时选择四种股利政策。但是，需要注意到的问题是，并不是说公司在选择股利政策时，要单纯从生命周期这个角度考虑，这只是选择股利政策的一个比较重要的方面。由于某个时期内可能投资机会比较多，对资金需求量要求比较大，这时也可以从筹资成本角度考虑而采用剩余股利政策。这几种股利政策也未必单一存在，比如，只有很少的公司会单独去采用固定股利支付率政策，而大都是和其他的政策相综合，制订出适合公司本身的政策。

第四章

财务预算与财务计划

第一节　财务预算概述

一、财务预算的简介

财务预算是反映某一方面财务活动的预算，如反映现金收支活动的现金预算；反映销售收入的销售预算；反映成本、费用支出的生产费用预算（又包括直接材料预算、直接人工预算、制造费用预算）、期间费用预算；反映资本支出活动的资本预算等。综合预算是反映财务活动总体情况的预算，如反映财务状况的预计资产负债表、预计财务状况变动表，反映财务成果的预计损益表。

上述各种预算间存在下列关系：销售预算是各种预算的编制起点，它构成生产费用预算、期间费用预算、现金预算和资本预算的编制基础；现金预算是销售预算、生产费用预算、期间费用预算和资本预算中有关现金收支的汇总；预算损益表要根据销售预算、生产费用预算、期间费用预算、现金预算编制。预计资产负债表要根据期初资产负债表和销售、生产费用、资本等预算编制，预计财务状况表则主要根据预计资产负债表和预计损益表编制。

二、财务预算的作用

财务预算是企业全面预算体系中的组成部分，它在全面预算体系中有以下重要作用。

（一）财务预算使决策目标具体化、系统化和定量化

在现代企业财务管理中，财务预算能全面、综合地协调、规划企业内部各部门、各层次的经济关系与职能，使之统一服从于未来经营总体目标的要求；同时，财务预算又能使决策目标具体化、系统化和定量化，能够明确规定企业有关

生产经营人员各自职责及相应的奋斗目标，做到人人事先心中有数。

财务预算作为全面预算体系中的最后环节，可以从价值方面反映经营期间特种决策预算与业务预算的结果，使预算执行情况一目了然。

（二）财务预算有助于财务目标的顺利实现

通过财务预算，可以建立评价企业财务状况的标准。将实际数与预算数对比，可及时发现问题和调整偏差，使企业的经济活动按预定的目标进行，从而实现企业的财务目标。

（三）财务预算是总预算

财务预算是总预算，又是作为全面预算体系中的最后环节的预算，它可以从价值方面总括地反应经营期特种决策预算与业务预算的结果，使预算执行一目了然。其余预算均是账务预算的辅助预算。

三、财务预算编制的原则

企业财务预算是在预测和决策的基础上，围绕企业战略目标，对一定时期内企业资金取得和投放、各项收入和支出、企业经营成果及其分配等资金运动所作的具体安排。企业财务预算应当围绕企业的战略要求和发展规划，以业务预算、资本预算为基础，以经营利润为目标，以现金流为核心进行编制，并主要以财务报表形式予以充分反映。

企业编制财务预算应遵守的基本原则和要求：

（1）坚持效益优先原则，实行总量平衡，进行全面预算管理；

（2）坚持积极稳健原则，确保以收定支，加强财务风险控制；

（3）坚持权责对等原则，确保切实可行，围绕经营战略实施。

四、财务预算的形式

财务预算主要以现金预算、预计资产负债表和预计利润表等形式反映。

（1）现金预算是用来反映预算期内由于营业和资本支出引起的一切现金收支及其结果的预算。它是其他预算有关现金收支的汇总，主要作为企业资金头寸调控管理的依据。

（2）预计资产负债表是反映企业预算期末财务状况的总括性预算，表中除上年期末数已知外，其余项目均应在前述各项预算指标的基础上分析填列。一般根据预算期初实际的资产负债表和销售或营业预算、生产预算、采购预算、资本预算、筹资预算等有关资料分析编制。

（3）预计利润表是按照利润表的内容和格式编制的，反映预算执行单位在预算期内利润目标的预算报表。它是在销售预算、生产预算、产品成本预算、其他费用预算等的基础上，根据一般会计原则（权责发生制原则）编制的。

五、财务预算的编制步骤

（1）委员会拟定企业预算总方针，包括经营方针、各项政策以及企业总目标和分目标，如利润目标、销售目标、成本目标等，并下发到各有关部门。

（2）组织各生产业务部门按具体目标要求编制本部门预算草案。

（3）由预算委员会平衡与协商调整各部门的预算草案，并进行预算的汇总与分析。

（4）审议预算并上报董事会，最后通过企业的综合预算和部门预算。

（5）将批准后的预算下达给各级部门执行。

第二节　预算的编制方法

一、预算的编制方法

企业可以根据不同的预算项目，分别采用固定预算、弹性预算、增量预算、零基预算、定期预算和滚动预算等方法编制各种预算。

（一）固定预算与弹性预算编制方法

1.固定预算编制方法

固定预算，又称静态预算，是根据预算期内正常的、可实现的某一既定业务量水平为基础来编制的预算。一般适用于固定费用或者数额比较稳定的预算项目。

固定预算的缺点表现在：一是过于呆板，因为编制预算的业务量基础是实现假定的某个业务量。在这种方法下，不论预算期内业务量水平实际可能发生哪些变动，都只按事先确定的某一个业务量水平作为编制预算的基础。二是可比性差。当实际的业务量与编制预算所依据的业务量发生较大差异时，有关预算指标的实际数与预算数就会因业务量基础不同而失去可比性。例如，某企业预计业务量为销售100 000件产品，按此业务量给销售部门的预算费用为5 000元。如果该销售部门实际销售量达到120 000件，超出了预算业务量，固定预算下的费用预算仍为5 000元。

2.弹性预算编制方法

弹性预算是在按照成本（费用）习性分类的基础上，根据量、本、利之间的依存关系，考虑到计划期间业务量可能发生的变动，编制出一套适应多种业务量的费用预算，以便分别反映在不同业务量的情况下所应支出的成本费用水平。该方法是为了弥补固定预算的缺陷而产生的。编制弹性预算所依据的业务量可能是生产量、销售量、机器工时、材料消耗量和直接人工工时等。

弹性预算的优点表现在：一是预算范围宽；二是可比性强。弹性预算一般适用于与预算执行单位业务量有关的成本（费用）、利润等预算项目。

弹性预算的编制，可以采用公式法，也可以采用列表法。

（1）公式法。公式法是假设成本和业务量之间存在线性关系，成本总额、固定成本总额、业务量和单位变动成本之间的变动关系可以表示为：$Y = a + bx$

其中Y是成本总额，a表示不随业务量变动而变动的那部分固定成本，b是单位变动成本，x是业务量，某项目成本总额Y是该项目固定成本总额和变动成本总额之和。这种方法要求按上述成本与业务量之间的线性假定，将企业各项目成本总额分解为变动成本和固定成本两部分。

（2）列表法。列表法是指通过列表的方式，将与各种业务量对应的预算数列示出来的一种弹性预算编制方法。列表法的主要优点是可以直接从表中查得各种业务量下的成本费用预算，不用再另行计算，因此直接、简便；缺点是编制工作量较大，而且由于预算数不能随业务量变动而任意变动，弹性仍然不足。

（二）增量预算与零基预算编制方法

1.增量预算编制方法

增量预算是指以基期成本费用水平为基础，结合预算期业务量水平及有关降低成本的措施，通过调整有关费用项目而编制预算的方法。增量预算以过去的费用发生水平为基础，主张不需在预算内容上作较大的调整，它的编制遵循如下假定：

第一，企业现有业务活动是合理的，不需要进行调整；

第二，企业现有各项业务的开支水平是合理的，在预算期予以保持；

第三，以现有业务活动和各项活动的开支水平，确定预算期各项活动的预算数。增量预算编制方法的缺陷是可能导致无效费用开支项目无法得到有效控制，因为不加以分析地保留或接受原有的成本费用项目，可能使原来不合理的费用继续开支而得不到控制，形成不必要开支合理化，造成预算上的浪费。

2.零基预算编制方法

零基预算的全称为“以零为基础的编制计划和预算方法”，它是在编制费用预算时，不考虑以往会计期间所发生的费用项目或费用数额；而是一切以零为出发点，从实际需要逐项审议预算期内各项费用的内容及开支标准是否合理，在综合平衡的基础上编制费用预算的方法。

零基预算的程序如下。

第一，企业内部各级部门的员工，根据企业的生产经营目标，详细讨论计划期内应该发生的费用项目，并对每一费用项目编写一套方案，提出费用开支的目的以及需要开支的费用数额。

第二，划分不可避免费用项目和可避免费用项目。在编制预算时，对不可避免费用项目必须保证资金供应；对可避免费用项目，则需要逐项进行成本与效益分析，尽量控制不可避免项目纳入预算当中。

第三，划分不可延缓费用项目和可延缓费用项目。在编制预算时，应根据预算期内可供支配的资金数额在各费用之间进行分配。应优先安排不可延缓费用项目的支出。然后，再根据需要，按照费用项目的轻重缓急确定可延缓项目的开支。

零基预算的优点表现在：①不受现有费用项目的限制；②不受现行预算的束缚；③能够调动各方面节约费用的积极性；④有利于促使各基层单位精打细算，合理使用资金。

（三）定期预算与滚动预算编制方法

1.定期预算编制方法

定期预算是指在编制预算时，以不变的会计期间（如日历年度）作为预算期的一种编制预算的方法。这种方法的优点是能够使预算期间与会计期间相对应，便于将实际数与预算数进行对比，也有利于对预算执行情况进行分析和评价。但这种方法固定以1年为预算期，在执行一段时期之后，往往使管理人员只考虑剩下来的几个月的业务量，缺乏长远打算，导致一些短期行为的出现。

2.滚动预算编制方法

滚动预算又称连续预算，是指在编制预算时，将预算期与会计期间脱离开；随着预算的执行不断地补充预算，逐期向后滚动，使预算期始终保持为一个固定长度（一般为12个月）的一种预算方法。

滚动预算的基本做法是使预算期始终保持12个月，每过1个月或1个季度，立即在期末增列1个月或1个季度的预算，逐期往后滚动，因而在任何一个时期都使预算保持为12个月的时间长度，故又叫连续预算或永续预算。这种预算能使企业各级管理人员对未来始终保持整整12个月时间的考虑和规划，从而保证企业的经营管理工作能够稳定而有序地进行。滚动预算的编制还采用了长期计划、短期安排的方法进行；那就是在基期编制预算时，先按年度分季，并将其中第一季度按月划分，建立各月的明细预算数字，以便监督预算的执行；至于其他三个季度的预算可以粗略一些，只列各季总数；到第一季度结束后，再将第二季度的预算按月细分，第三、四季度以及增列的下一年度的第一季度的预算只列出各季度的总数……如此类推。采用这种方法编制的预算有利于管理人员对预算资料作经常性的分析研究，并根据当时预算的执行情况及时加以调整。

二、预算的编制程序

企业编制预算，一般应按照“上下结合、分级编制、逐级汇总”的程序进行。

（一）下达目标

企业董事会或经理办公会根据企业发展战略和预算期经济形势的初步预测，在决策的基础上，提出下一年度企业预算目标，包括销售或营业目标、成本费用目标、利润目标和现金流量目标；并确定预算编制的政策，由预算委员会下达各预算执行单位。

（二）编制上报

各预算执行单位按照企业预算委员会下达的预算目标和政策，结合自身特点以及预测的执行条件，提出详细的本单位预算方案，上报企业财务管理部门。

（三）审查平衡

企业财务管理部门对各预算执行单位上报的财务预算方案进行审查、汇总，提出综合平衡的建议。在审查、平衡过程中，预算委员会应当进行充分协调，对发现的问题提出初步调整意见，并反馈给有关预算执行单位予以修正。

（四）审议批准

企业财务管理部门在有关预算执行单位修正调整的基础上，编制出企业预算方案，报财务预算委员会讨论。对于不符合企业发展战略或者预算目标的事项，企业预算委员会应当责成有关预算执行单位进一步修订、调整。在讨论、调整的基础上，企业财务管理部门正式编制企业年度预算方案，提交董事会或经理办公会审议批准。

（五）下达执行

企业财务管理部门对董事会或经理办公室审议批准的年度总预算，一般在次年3月底以前，分解成一系列的指标体系，由预算委员会逐级下达各预算执行单位执行。

第三节　预算的执行与控制

一、预算的日常管理

预算制度包含有预算政策的制订、预算编制、日常管理及检讨改进四个部分，而其中又以日常管理最为重要，因为它是整个预算制度成功的关键。

预算的日常管理，通常是指日常管理报表的设计及应用，它的基本观念如下。

（一）日常管理报表应配合预算项目而设计。一张日常管理报表可能包含多个相关预算项目，但每一个预算项目应有独立的字段，并有小计与月累计，以方便和预算比较。例如，销货收入与销货成本应设计在一张表上，但两者都应有独立字段，并有小计与月累计。

（二）日常管理报表通常应按凭证时序逐笔填写，资料量太大时可按日统计后填入，但应与明细资料相配合，以方便查询。

（三）日常管理表还应该有相对应的预算字段，这个字段的金额应该与该报表的期间累计相一致，以方便比较。

（四）日常管理表另需设计异常说明字段，并规定在何种差异的情形下，必须作异常说明，例如规定差异率在10%以上及差异金额在5 000元以上，必须说明异常原因及具体对策。

（五）日常管理报表应有合理的审核流程，以确保各部门在遇到困难时能够被发觉并给予协助，故日常管理表不宜从责任部门直接送给督导阶层，最好先送交预算管理部门审查，在签署意见后，呈送督导阶层作必要的处理。

（六）重要的日常管理报表可作为企业经营会议的讨论事项，由责任主管提出报告，再由相关人员提出意见。总之，日常管理表是预算制度中的控制机制，随时发现预算执行时的问题并及时提供协助，以提高预算达成的可能性。

二、预算的执行与控制

全面预算的有效实施，必须充分调动各级责任人的积极性与创造性，强化其责任意识，形成预算执行与控制的责任体系，保证预算执行的进度和效果。全面预算执行与控制的具体内容包括全面预算的分解、执行和调整等。

（一）全面预算的分解

全面预算的分解是对预算指标的细化和落实过程，目的是保证全面预算管理目标的实现。全面预算的分解是一个循序渐进的过程，各单位应根据本单位的基础管理水平，尽可能地将各项预算指标细化，并制订相应的保证措施。

1.全面预算分解的步骤

（1）预算一经批复下达，预算执行单位应当将预算作为预算期内组织、协调各项经营活动的基本依据，将年度预算细分为月份和季度预算，以分期预算控制确保年度财务预算目标的实现。

（2）将全面预算分解为部门预算，明确各预算执行单位的工作目标。

（3）各预算执行单位将预算指标层层分解，从横向和纵向落实到内部各部门、各环节、各单位和各岗位，形成全方位的预算执行责任体系，保证预算目标的实现。

2.全面预算分解的原则

（1）以利润的形势，按价值量分解，保证指标的可衡量性。

（2）应分尽分，不留死角，保证指标分解的彻底性。

（3）谁可控、谁承担，责任到人，保证责权利的有效统一。

（4）指标分解与保证措施相结合，保证预算指标的落实。

（二）预算制订主体的定位

1.谁参与制订预算

企业预算管理有两项职能，即管理决策和管理控制，不同职能对预算管理体系的设计提出了不同要求。如在销售预算的制订过程中，根据专业分工所造成的各专业部门之间信息的不对称性，销售部门掌握着企业未来销售情况，如果预算仅仅是为了发挥管理决策功能（如以销定产），销售部门就会毫无保留地拿出其掌握的信息，与各部门共享；但如果预算的目标之一是发挥管理控制职能（如作为业绩评价标准），销售部门就可能会有意低估未来的销售收入，从而有利于其业绩评价。然而，低估会相应造成生产计划的减少，企业生产就不能达到效率最高的状态。再如，在根据预算划拨各部门资金时，各部门为了在资金使用上有较大的自由，并且能控制更多的资金，可能会虚夸本部门的资金需求量，从而造成资金的浪费，这显然也有悖于预算管理进行沟通协调的本意。

因此，为了解决上述职能之间及部门之间的矛盾，在预算管理实践中，一方面应当让各部门参与到预算的制订中来，促进信息最大范围的流动，使预算编制的沟通更为细致，增加预算的科学性和可操作性；另一方面，过去很多企业只是由财务部门完成预算并进行实施，降低了预算的权威性，造成企业预算软约束；解决这一问题则需让企业最高领导参与制订预算并拥有最后决策权，唯此才能从整个企业的大局出发，制订出切实可行的预算方案。

2.设置预算委员会

预算委员会应由各重要职能部门经理组成，由企业高层领导担任主席。预算委员会协调各部门信息的共享，使各部门就基础假设达成一致。从根本上说，只有经过预算委员会的审批，否则不能接受任何预算或预测数据。这一预算管理组织形式的职能不仅仅是预算的制订，还包括预算的实施、调整、监督等后续环节。如解决预算实施过程中出现的各部门矛盾（类似于内部仲裁委员会）；随时发现企业活动与预算的偏差并分析原因，如果某些基本假设已发生重大变化，应尽快组织对预算进行调整。

预算委员会的人员组成应坚持权威原则、全面代表原则和效率原则。权威原则指的是制订的预算要有权威性，能在实际工作中得以切实贯彻，其成员也要对各自部门的活动具有绝对控制权。全面代表原则指的是能全面代表各部门、全层面的利益，并使其在预算中都能得到合理的体现。效率原则是指要保证委员会的工作效率，这决定了成员数量不宜过多，要做到精干、高效、统一。

（三）预算制订流程的重构

计划经济时期通常是由上级部门确定预算指标的总量，然后分解到各职能部门。这种“自上而下”的预算制订流程能够将企业目标直接体现到预算之中，体现了预算的强制性和权威性；但由于这种预算流程对基层信息的掌握有限，容易脱离实际，使预算难以发挥其计划、协调和控制作用。

在对“自上而下”制订流程批评的同时，不能简单地选择“自下而上”的制订流程。“自下而上”即由各职能部门提供相关信息，预算委员会（或上级部门）进行综合，确定预算总量，再分解到各职能部门。这种方式虽然在一定程度上克服了严重脱离实际的问题，但在信息的交流上仍然是远远不够的。

笔者认为，预算的制订应当是各参与方之间重复博弈的过程，在这个过程中，信息流动是多向的，也是反复的，直至达到最后的一致。笔者对预算制订流程进行如下设计：1.首先由预算委员会提出关键性指标，如销售量、销售价格、生产成本、目标利润等，但不必确定具体数值；2.将这些指标交由各职能部门充分讨论，直至形成一致意见，委员会需对讨论过程进行指导和监督；3.预算委员会据此确定预算总量指标，并初步分解到各职能部门；4.各职能部门根据分解的预算指标分别制订本部门的预算，并交预算委员会审核和汇总；5.预算委员会据以编制全面预算，并分发各职能部门。

（四）预算编制基础的选择

现行预算一般以年度为基础进行编制，这种编制方法即历年制，其优点是易于理解及用于业绩评价；但历年制并没有充分的理论依据，因为企业的经营活动并不是以年度为周期，企业活动或成果在年度与年度之间并不存在着明显的规律性。根据企业长远的发展状况和战略目标，企业编制长期的战略预算尤为必要，因为长期预算是现代化科学管理的必然要求。企业通过编制长期预算，对长期的经济环境及其对企业可能产生的影响和企业应采取的对策进行预测，将长远计划分解为具体指标，不仅在观念上为企业经营活动提供指导，更从具体指标上防止企业行为的偏向，以防止企业短视行为对长远目标的影响。

既然历年制不适合于长期预算，笔者认为，应以企业周期（包括企业生命周期和产品生命周期）为预算编制基础的周期制来替代历年制。因为企业周期是对企业环境和企业行为的规律性描述，是对未来企业所面临的不确定性进行的概括性的分类。周期制将使企业在对未来预测时，首先明确企业现时所处的周期阶段，根据企业环境和企业活动的周期性规律，对未来状况进行预测，使预算更加符合实际。同时，战略管理的一个重要实现方式就是实行周期战略，即以企业周期为基础确立企业在各周期和同期的各阶段的发展战略，这就更加要求企业采用周期制来编制预算。

笔者提出周期制并不是为了否定历年制，而是对历年制的完善，使之在发挥原有功能的基础上更加切实可行。鉴于历年制在计划、统计等方面发挥的作用，周期制与历年制要相互补充，互为表现形式。

（五）预算管理实施的思考

1.避免目标置换

预算目标从属于、服从于企业目标，但在企业活动中常常会出现严格按预算规定，始终围绕预算目标，而忘却了首要职责是实现企业目标的状况。究其原因，一是没有恰当掌握预算控制力度；二是预算指标没有很好地体现企业目标的要求，或是经济环境的变化造成预算目标和企业目标的偏离。为了防止预算控制中出现目标置换，一方面应当使预算更好地体现计划的要求；另一方面应适当掌握预算控制力度，使预算具有一定的灵活性。

2.避免过繁过细

有些企业认为，预算作为管理和控制的手段，应对企业未来经营的每一个细节都作出具体的规定，实际上这样做会导致各职能部门缺乏应有的余地，不可避免地影响企业运营效率，所以预算并非越细越好。究竟预算应细化到什么程度，必须联系对职能部门授权的程度进行认真酌定，过细过繁的预算等于让授权名存实亡。

3.避免因循守旧

预算制订通常采用基数法，即以历史的情况作为评判的依据。如职能部门以日常支出作为预算编制标准，职能部门就有可能故意扩大日常支出，以便在以后年度获得较大的预算支出标准。因此，必须采取有效的预算控制措施来避免这一现象，如通过详尽报表内容、健全报表体系等方法减少人为因素，提高精确性和科学性。

4.避免一成不变

预算制订出来以后，预算执行者应当对预算进行管理，促进预算的实施，必要时可根据当时的实际情况进行检查、修订和调整。尽管我们在制订预算时预见了未来可能发生的情况，并制订出相应的应变措施，但预算一方面不可能面面俱到，另一方面情况在不断变化，总有一些问题是不可能预见到的。故预算管理不能一成不变，要对预算进行定期检查，如果情况已经发生重大的变化，就应当调整预算或重新制订预算，以达到预期目标。

三、企业预算执行与控制的意义

企业是组织社会化大生产的营利组织，是市场经济的主体。为了求得企业的生存、盈利和发展，必须打破传统职能管理的界限，将企业视为一个整体；在战略目标及战略计划的指导下，注重企业内部综合协调管理，强化企业管理的计划、组织、控制和协调职能；只有这样，才能让所有职能部门和所属单位的子目标与企业整体目标统一，从而使得投资者的战略决策与经营者的管理行为相一致。这种管理格局无疑需要企业管理有一条主线，将企业各职能部门的管理工作和所属单位的生产经营活动连贯起来，从而提高企业整体的管理效率和经济效益。

（一）建立规范的预算控制制度应掌握的基本原则

确定企业目标并以此编制了企业预算后，关键在于如何组织实施，如何按预算进行控制。因此，建立规范的预算控制制度势在必行，应掌握的基本原则如下。

1.预算控制由事前控制、事中控制和事后控制三部分组成。其中，事前控制主要指事前要对某一行为或某一事项按预算编制详细的实施方案；事中控制主要指在实施过程中严格按预算执行，不得超预算范围；事后控制主要指事后审计绩效，检查是否达到预算目标。

2.预算控制可同时采用多种手段，但主要是财务手段，把财务控制同法制控制、制度控制乃至权势控制有机结合起来。

3.控制的层次应界限分明，做到逐级控制。预算控制是激励和约束机制的关键，目标明确后，要确保目标的实现，必须严格按目标组织实施。在实施过程中，为了防止各单位弄虚作假，必须进行严格的检查监督，事后进行审计，确保其真实性，为奖惩做准备。

（二）建立预算的调整、审批制度的必要性

由于编制预算时掌握的情况可能不全面、完整，或由于国家宏观政策等外部因素发生了变化，导致编制预算的基础发生了变化，如仍按原预算执行显然不合理。因此，建立预算的调整、审批制度十分必要。

随着市场经济的发展，我国的经济运行机制与企业体制都发生了重大的变化。企业与国家、企业与企业、企业与金融机构、企业与职工之间的关系也发生了显著的变化，必须逐渐地按照市场经济规律与等价交换的原则运行。

企业的财务活动已成为连接市场和企业的桥梁和纽带，不再是简单的资金收付活动，而是包括资金筹措、投资决策与日常管理等多项内容在内的十分复杂的活动。随着企业财务活动性质的转变，对企业财务活动的管理提出了更高的要求。

现代企业的财务管理，不仅要对不同的投资方案进行比较和选择，还要为企业的生产经营活动筹措资金，涉及对资金的日常运用进行管理。企业能否有效地预算所需资金的金额，是否能有效地筹集资金，并将其配置在适当的地方等，这些企业财务活动的有效与否不仅关系到一个企业的生存与发展，而且将影响整个社会经济的发展。

第四节　企业总预算的评价

一、企业总预算的概念

企业总预算是指企业预计资产负债表、预计利润表和预计现金流量表，它们反映企业的总体情况，是各种专门预算的综合。

二、企业总预算的主要内容

企业总预算的内容主要包括三部分，即经营预算、财务预算和资本支出预算。经营预算是围绕企业供应生产和销售经济活动展开的，是企业总体预算的核心。财务预算是反映企业有关财务成本和财务状况的，它同经营预算都是企业在计划期内的预算，是反映企业经营事项的短期预算。而资本支出预算则是一次性业务的预算，这类预算是不经常发生的，而一旦发生一般需要动用大量资金，并在较长时期（一年以上）对企业有持续影响的投资决策，即长期预算。本节只对经营预算和财务预算的内容和编制方法进行讨论。

三、企业总预算的作用

总预算是关于企业在一定时期内（一般不超过一年）生产、经营等方面的总体预算。总预算的编制是为了贯彻、落实企业短期经营目标的实施，它是企业计划目标的数量化说明。总预算编制的好坏直接影响到企业短期经营目标的实现。

（一）明确目标

控制业务预算是目标的具体化，它不仅能够帮助人们更好地明确整个企业的奋斗目标，而且能够使人们清楚地了解自己部门的任务。编制预算的目的是为了贯彻目标管理的原则，指导和控制业务。

（二）内部协调

综合平衡成本预算把整个企业各方面的工作严密地组织起来，使企业内部上下左右协调起来，达到平稳。把企业内部有关协作单位的配合关系，也纳入统一的预算。这样，也就能更进一步发挥预算的控制作用。

（三）分析比较

评价成绩预算工作不能只限于编制，还应该包括预算的执行。在生产经营过程中，把实际与预算加以比较，揭示出来的差异，一方面可以考核各部门或有关人员的工作成绩，另一方面也用来检查预算编制的质量。有些实际脱离预算的差异，并不表示实际工作的好坏，而是预算本身的问题，预算脱离了实际。

第五章

会计复式记账原理

第一节　会计要素与会计等式

一、会计要素的含义与分类

会计要素是指根据交易或者事项的经济特征所确定的财务会计对象的基本分类。

财务状况：财务状况是指企业一定日期的资产及权益情况，是资金运动相对静止状态的表现。反映财务状况的会计要素包括资产、负债、所有者权益三项。

经营成果：经营成果是企业在一定时期内从事生产经营活动所取得的最终成果，是资金运动的动态反映。反映经营成果的会计要素包括收入、费用、利润三项。

二、资产

（一）定义和特征

资产是指企业过去的交易或者事项形成的、由企业拥有或控制的、预期会给企业带来经济利益的资源。

1.资产是由企业过去的交易或者事项形成的

过去的交易或者事项 = 购买 + 生产 + 建造

注意：预期在未来发生的交易或者事项不形成资产，即必须是现实的资产，而不能是预期的资产。

2.资产是企业拥有或者控制的资源

拥有：所有权

控制：控制权（融资租入固定资产）

3.资产预期会给企业带来经济利益

注意：已经没有经济价值、不能给企业带来经济利益的项目，就不能确认为企业的资产。

（二）资产的确认条件

将一项资源确认为资产，需要符合资产的定义，还应同时满足以下两个条件：

（1）与该资源有关的经济利益很可能流入企业。

（2）该资源的成本或者价值能够可靠地计量。

（三）资产的分类

流动资产：（1）预计在一个正常营业周期中变现、出售或耗用；（2）主要为交易目的而持有；（3）预计在资产负债表日起一年内（含一年）变现的资产，以及自资产负债表日起一年内交换其他资产或清偿负债的能力不受限制的现金或现金等价物。正常营业周期是指企业从购买用于加工的资产起，至实现现金或现金等价物的期间。正常营业周期通常短于一年，在一年内有几个营业周期。但是，也存在正常营业周期长于一年的情况，在这种情况下，与生产循环相关的产成品、应收账款、原材料尽管是超过一年才变现、出售或耗用，仍应作为流动资产。当正常营业周期不能确定时，应当以一年（12个月）作为正常营业周期。2年以上的货物、1年以上的债权也属于流动资产。

非流动资产指除流动资产以外的资产，如固定资产、无形投资、长期投资、长期待摊费用等。

三、负债

（一）定义和特征

负债是指企业过去的交易或事项形成的，预期会导致经济利益流出企业的现时义务。

1.负债是由过去的交易或者事项形成的。正在筹划的未来交易或事项，如企业的业务计划、购货合同不属于负债。

2.负债是企业承担的现时义务（不是潜在义务）。

3.负债预期会导致经济利益流出企业。

（二）负债的确认条件

将一项现时义务确认为负债，需要符合负债的定义，还应当同时满足以下两个条件：

1.与该义务有关的经济利益很可能流出企业；

2.未来流出的经济利益的金额能够可靠地计量。

四、所有者权益

（一）定义和特征

所有者权益是指企业资产扣除负债后，由所有者享有的剩余权益。公司的所有者权益又称为股东权益（所有者权益=老板权益）。所有者权益在数量上等于企业资产总额扣除债权人权益后的净额，即为企业的净资产，反映所有者（股东）在企业资产中享有的经济利益。

特征：

1.除非发生减资、清算或分派现金股利，企业不需要偿还所有者权益；

2.企业清算时，只有在清偿所有的负债后，所有者权益才返还给所有者；

3.所有者凭借所有者权益能够参与企业利润的分配。

（二）所有者权益的确认条件

所有者权益的确认、计量主要取决于资产、负债、收入、费用等其他会计要素的确认和计量。

（三）所有者权益的分类

所有者权益的来源包括所有者投入的资本、直接计入所有者权益的利得和损失、留存收益等。具体表现为实收资本（或股本）、资本公积（资本溢价、其他资本公积）、盈余公积和未分配利润。所有者投入的资本是指所有者投入企业的资本部分，它既包括构成企业注册资本（实收资本）或者股本部分的金额；也包括投入资本超过注册资本或者股本部分的金额，即资本溢价或者股本溢价，这部分投入资本在我国企业会计准则体系中被计入了资本公积，并在资产负债表中的资本公积项目反映。

五、收入

（一）定义和特征

收入是指企业在日常活动中形成的、会导致所有者权益增加的、与所有者投入资本无关的经济利益的总流入。

1.收入是企业在日常活动中形成的；日常活动是指企业为完成其经营目标所从事的经常性活动以及与之相关的活动；

2.收入会导致所有者权益的增加。

3.收入是与所有者投入资本无关的经济利益的总流入。投资人投入的称为资本而不属于收入。

（二）收入的确认条件

收入的确认除了应当符合定义外，至少应当符合以下条件：

1.与收入相关的经济利益很可能流入企业；

2.经济利益流入企业的结果会导致资产的增加或者负债的减少；

3.经济利益的流入额能够可靠计量。

（三）收入的分类

1.收入包括主营业务收入和其他业务收入。主营业务收入是由企业的主营业务所带来的收入；其他业务收入是除主营业务活动以外的其他经营活动实现的收入。

2.收入按性质不同，可分为销售商品收入、提供劳务收入、让渡资产使用权收入等。

六、费用

（一）定义和特征

费用是指企业在日常活动中发生的会导致所有者权益减少的与向所有者分配利润无关的经济利益的总流出。

特征：

1.费用是企业在日常活动中发生的；

2.费用会导致所有者权益的减少；

3.费用是与向所有者分配利润无关的经济利益的总流出（分配股利不属于费用）。

（二）费用的确认条件

费用的确认除了应当符合定义外，至少应当符合以下条件：

1.与费用相关的经济利益应当很可能流出企业；

2.经济利益流出企业的结果会导致资产的减少或者负债的增加；

3.经济利益的流出额能够可靠计量。

（三）费用的分类

费用包括生产费用与期间费用。

生产费用是指与企业日常生产经营活动有关的费用，按其经济用途可分为直接材料、直接人工和制造费用。

期间费用是指企业本期发生的，不能直接或间接归入产品生产成本，而应直接计入当期损益的各项费用，包括管理费用、销售费用和财务费用。

七、利润

（一）定义和特征

利润是指企业在一定会计期间的经营成果。

通常情况下，如果企业实现了利润，表明企业的所有者权益将增加，业绩得到了提升；反之，如果企业发生了亏损（即利润为负数），表明企业的所有者权益将减少，业绩下降。

（二）利润的确认条件

利润反映收入减去费用、直接计入当期利润的利得减去损失后的净额。

利润 = 日常活动 + 非日常活动 = 营业利润 + 非营业利润

利润的确认主要依赖于收入和费用，以及直接计入当期利润的利得和损失的确认，其金额的确定也主要取决于收入、费用、利得、损失金额的计量。

（三）利润的分类

利润包括收入减去费用后的净额、直接计入当期损益的利得和损失等。其中，收入减去费用后的净额反映企业日常活动的经营业绩；直接计入当期损益的利得和损失反映企业非日常活动的业绩。

直接计入当期损益的利得和损失，是指应当计入当期损益、最终会引起所有者权益发生增减变动的与所有者投入资本或者向所有者分配利润无关的利得或者损失（接受捐赠）。

直接计入所有者权益的利得和损失，是指不应计入当期损益，会导致所有者权益发生增减变动的与所有者投入资本或者向所有者分配利润无关的利得或者损失（资本溢价）。

八、会计要素的计量（计量属性）

历史成本——过去的流出；

重置成本——现在的流出；

可变现净值——现在的流入；

现值——将来的流入；

公允价值——现在的流入。

（一）历史成本

历史成本，又称为实际成本，是指为取得或制造某项财产物资时所实际支付的现金或其他等价物。在历史成本计量下，资产按照购置时支付的现金或者现金等价物的金额，或者按照购置资产时所付出的对价的公允价值计量。

（二）重置成本

重置成本，又称现行成本，是指在当前市场条件下，重新取得同样一项资产所需支付的现金或现金等价物金额。常用于盘盈固定资产。

（三）现值

现值是指对未来现金流量以恰当的折现率进行折现后的价值，是考虑资金时间价值的一种计量属性。在现值计量下，资产按照预计从其持续使用和最终处置中所产生的未来净现金流入量的折现金额计量。

（四）公允价值

公允价值是指市场参与者在计量日发生的有序交易中，出售一项资产所能收到或者转移一项负债所需支付的价格。应用于交易性金融资产。

（五）可变现净值

可变现净值，是指在正常生产经营过程中，以预计售价减去进一步加工成本和预计销售费用以及相关税费后的净值。其实质就是假设将该资产在该时点对外出售所能带来的预期净现金流入或流出。可变现净值常用于存货的计量。

企业在对会计要素进行计量时，一般应当采用历史成本；采用重置成本、可变现净值、现值、公允价值计量的，应当保证所确定的会计要素金额能够取得并可靠地计量。

九、会计等式

（一）会计等式的表现形式

会计等式，又称会计恒等式、会计方程式或会计平衡公式，它是表明会计要素之间基本关系的等式。

1.财务状况等式

财务状况等式，亦称基本会计等式和静态会计等式，是用以反映企业某一特定时点资产、负债和所有者权益三者之间平衡关系的会计等式。即：资产 = 负

债 + 所有者权益

这一等式是复式记账法的理论基础，也是编制资产负债表的依据。

2.经营成果等式

经营成果等式，亦称动态会计等式，是用以反映企业一定时期收入、费用和利润之间恒等关系的会计等式。即：收入 - 费用 = 利润。

这一等式反映了利润的实现过程，是编制利润表的依据。

3.动静结合的等式

资产 = 负债 + 所有者权益 + 利润

资产 = 负债 + 所有者权益 +（收入 - 费用）

费用 + 资产 = 负债 + 所有者权益 + 收入

（二）经济业务对会计等式的影响

1.一项资产增加，另一项资产减少；

2.一项资产增加，一项负债增加；

3.一项资产增加，一项所有者权益增加；

4.一项资产减少，一项负债减少；

5.一项资产减少，一项所有者权益减少；

6.一项负债增加，另一项负债减少；

7.一项所有者权益增加，另一项所有者权益减少；

8.一项负债增加，一项所有者权益减少；

9.一项所有者权益增加，一项负债减少。

第二节　借贷记账法

一、基本介绍

记账符号反映的是各种经济业务数量的增加和减少。

（一）“借”和“贷”是抽象的记账符号

借贷记账法以“借”和“贷”作为记账符号，用以指明记账的增减方向、账户之间的对应关系和账户余额的性质等，而与这两个文字的字义及其在会计史上的最初含义无关，不可望文生义。“借”和“贷”是会计的专门术语，并已经成为通用的国际商业语言。

（二）“借”和“贷”所表示的增减含义

“借”和“贷”作为记账符号，都具有增加和减少的双重含义。“借”和“贷”何时为增加、何时为减少，必须结合账户的具体性质才能准确说明。资产类、费用类是“借”增“贷”减；负债类、所有者权益类、收入类是“借”减“贷”增。根据会计等式“资产+费用=负债+所有者权益+收入”可知，“借”和“贷”这两个记账符号对会计等式两方的会计要素规定了增减相反的含义。

二、基本涵义

借贷记账法是以借贷为记账符号的一种复式记账法。

借贷记账法的账户基本结构分为左、右两方，左方称之为借方，右方称之为贷方。一般在账户借方记录的经济业务称之为“借记某账户”；在账户的贷方记录的经济业务称之为“贷记某账户”。至于借方和贷方究竟哪一方用来记录金额的增加，哪一方用来记录金额的减少，则要根据账户的性质来决定。

不同性质的账户，其结构是不同的。借贷记账法是复式记账法的一种。它是以“借”“贷”为记账符号，以“资产=负债+所有者权益”的会计等式为理论依据，以“有借必有贷，借贷必相等”为记账规则的一种科学复式记账法。

借贷记账法以“借”“贷”二字作为记账符号，并不是“纯粹的”“抽象的”记账符号，而是具有深刻经济内涵的科学的记账符号。从字面涵义上看，“借”“贷”二字的确是历史的产物，其最初的涵义同债权和债务有关。随着商品经济的发展，借贷记账法得到广泛的运用，记账对象不再局限于债权、债务关系，而是扩大到要记录财产物资增减变化和计算经营损益。原来仅限于记录债权、债务关系的“借”“贷”二字已不能概括经济活动的全部内容。它表示的内容应该包括全部经济活动资金运动变化的来龙去脉，它们逐渐失去了原来字面上的涵义，并在原来涵义的基础上进一步升华，获得了新的经济涵义。

第一，代表账户中两个固定的部位。一切账户，均需设置两个部位记录某一具体经济事项数量上的增减变化（来龙去脉），账户的左方一律称为借方，账户的右方一律称为贷方。

第二，具有一定的确切的深刻的经济涵义。“贷”字表示资金运动的“起点”（出发点），即表示会计主体所拥有的资金（某一具体财产物资的货币表现）的“来龙”（资金从哪里来）；“借”字表示资金运动的“驻点”（即短暂停留点，因资金运动在理论上没有终点），即表示会计主体所拥有的资金的“去脉”（资金的用途、去向或存在形态）。这是由资金运动的内在本质决定的。会计既然要全面反映与揭示会计主体的资金运动，在记账方法上就必须体现资金运动的本质要求。

三、历史起源

借贷记账法起源于13—14世纪的意大利。最初，意大利佛罗伦萨的“借贷资本家”从贷主处借入款项，并计入贷主名下的贷方，归还记借方；将款项贷出时，计入借主名下的借方，收回记贷方。贷主名下所记内容表示的是“借贷资本家”债务的增减变动，借主名下所记内容表示的是“借贷资本家”债权的增减变动。这时，“借”和“贷”分别表示借贷资本家与债权人、债务人之间的债权债务关系。在以后的几百年里，随着商品经济的发展，借贷记账法又经过了热那亚阶段和威尼斯阶段，借贷记账法也在不断发展和完善，“借”“贷”两字逐渐失去其本来含义，变成了纯粹的记账符号；记录的内容也不仅仅局限于货币资金的借贷业务，而是逐步扩展到财产物资、经营损益和经营资本的增减变化，并广泛应用于许多行业。随后，借贷记账法传遍欧洲、美洲等地，成为世界通用的记账方法。1494年，意大利数学家卢卡·帕乔利的《算术、几何、比与比例概要》一书问世，标志着借贷记账法正式成为大家公认的复式记账法，同时，也标志着近代会计的开始。卢卡·帕乔利被称为“近代会计之父”。

四、账户结构

（一）资产类账户的结构

资产类账户结构的基本结构是账户的借方记录各项资产的增加额，贷方记录减少额。在一个会计期间，将各项资产借方发生数额加总，称为借方本期发生额；将各项资产贷方发生额加总，称为贷方本期发生额；将同一会计期间某个资产账户的借方本期发生额和贷方本期发生额相抵后得到的差额，称为本期发生净额，在此基础上加上期初借方余额就得到期末余额，资产类账户的余额一般在借方。

负债及所有者权益类账户的构成：由于负债及所有者权益类账户是在会计等式的右边，恰好与资产类账户相对立，因此他们的账户结构也就与资产类账户结构正好相反。

（二）收入类账户的结构

账户贷方记录为增加数额；账户的借方记录为减少或转出数额。

（三）费用类账户的结构

账户借方记录各项费用的增加额；贷方记录各项费用的减少或转出数额。

费用类账户必须按照配比原则的要求，把当期的费用净额从贷方转出，作为冲减当期损益处理，费用类账户一般没余额。

（四）成本类账户的结构

成本类账户结构与资产类账户结构相同，其借方登记成本的增加额，贷方登记成本的减少额或转出额；期末若有余额，一般在借方，表示期末（期初）在产品的成本。

成本类账户的期末余额计算公式：期末借方余额 = 期初借方余额 + 本期借方发生额 - 本期贷方发生额。

五、账户设置

在借贷记账法下，账户的设置基本上可分为资产（包括费用）类和负债及所有者权益（包括收入）类两大类别。

资产类账户的借方登记增加额，贷方登记减少额，一般为借方余额（账户余额一般在增加方，下同）。

资产类账户的期末余额公式：期末借方余额 = 期初借方余额 + 本期借方发生额 - 本期贷方发生额

负债及所有者权益类账户的贷方登记增加额，借方登记减少额，一般为贷方余额。

负债及所有者权益类账户的期末余额公式：期末贷方余额 = 期初贷方余额 + 本期贷方发生额 - 本期借方发生额。

六、会计分录

（一）概念

会计分录是指根据经济业务的内容，指明应借应贷账户的方向、账户名称及其金额的一种会计记录。

（二）要素

1.记账方向；

2.账户名称；

3.金额。

（三）种类

1.简单分录：指只涉及两个账户的会计分录。

2.复合分录：只涉及两个（不包括两个）以上的会计分录。

（四）编制要求

1.一般是先写借方的内容，后写贷方的内容；

2.借方和贷方的内容应当采取错格表示，即借方要比贷方往前一格，以表示账户之间的对应关系；

3.每个账户只能书写一行，经济业务事项涉及几个账户就应该分别写几行，不能把涉及的账户都写在一行。

七、记账规则

借贷记账法的记账规则可以概括为：有借必有贷，借贷必相等。

第一，在运用借贷记账法记账时，对每项经济业务，既要记录一个（或几个）账户的借方，又必然要记录另一个（或几个）账户的贷方，即“有借必有贷”；账户借方记录的金额必然等于账户贷方的金额，即“借贷必相等”。

第二，所记录的账户可以是同类账户，也可以是不同类账户，但必须是两个记账方向，既不能都记入借方，也不能都记入贷方。

第三，记入借方的金额必须等于记入贷方的金额。

任何经济业务的发生，都会引起资产、负债、所有者权益等会计要素发生相应变动。但无论发生任何经济业务，它们对资产和负债或者所有者权益的影响不外乎是以下的几种类型。

（一）资产和负债或者所有者权益同时增加，资金总额增加。对这类经济业务，一方面要将发生的金额登记到资产类账户的借方，另一方面同时要以相等金额登记到负债或所有者权益的贷方。

（二）资产和负债或者所有者权益同时减少，资金总额减少。对这类经济业务，一方面要将发生的金额登记到资产类账户的贷方，另一方面同时要以相等金额登记到负债或所有者权益的借方。

（三）发生经营收入，一般会导致资产和收入同时增加，资金总额增加。对这类经济业务，一方面要将发生的金额登记入资产类账户的借方，另一方面同时要以相等金额登记到收入账户的贷方。

（四）发生经营费用，一般会导致资产减少与费用增加，资金总额不变。对这类经济业务，一方面要将发生的金额登记到资产类账户的借方，另一方面同时要以相等金额登记到费用账户的贷方。

（五）资产内部项目互相转化，即两个项目一增一减，资金总额不变。对这类经济业务，一方面要将发生的金额登记到某一资产账户的借方，另一方面同时要以相等金额登记到另一资产账户的贷方。

（六）负债或所有者权益一增一减，资金总额不变。对这类经济业务，一方面要将发生的金额记录到某一负债或所有者权益账户的贷方，另一方面同时要以相等金额登记到另一负债或所有者权益账户的借方。

运用实例：发生坏账

借：坏账准备

贷：应收账款——收到票据

借：应收票据

贷：主营业收入——应交税金

八、方法运用

要学习借贷记账法，首先要知道借贷记账法的对象是会计要素的增减变化过程和结果，而资产、负债、所有者权益又是主要的会计要素。

资产 = 负债 + 所有者权益。这个公式是借贷记账法的基础。

借贷记账法的基本结构是每个账户都分为“借方”和“贷方”，一般规定账户的左方为“借方”，右方为“贷方”。在账户的借方记录经济业务，可以称为“借记某账户”；若在账户的贷方记录经济业务时，则可以称为“贷记某账户”。在会计实务上，以“借”表示资产的增加和负债及所有者权益的减少；以“贷”表示负债和所有者权益的增加及资产的减少。具体地说，资产的增加应记在资产类的有关账户的借方，资产的减少应记在资产类的有关账户的贷方；负债及所有者权益的增加应记在其有关账户的贷方，负债及所有者权益的减少记在其有关账户的借方。凡账户若借方有余额，表示为资产的余额；凡账户贷方有余额，表示为负债及所有者权益的余额。一般资产类账户都为借方余额，负债及所有者权益为贷方余额。其结构是不同的。

（一）资金流入企业的业务，即资产与负债、所有者权益同时增加。资产增加记入有关账户的“借方”，负债和所有者权益增加记入有关账户的“贷方”。

（二）资金在企业内部流动的业务，即资产、收入和费用之间或资产要素内部的增减。资产和费用的增加以及收入减少记入相关账户的“借方”，收入增加以及资产和费用的减少记入相关账户的“贷方”。

（三）权益转化的业务，即负债、所有者权益和利润三者之间或一个要素内部有增有减。负债、所有者权益的增加以及利润的增加记入相关账户的“贷方”，利润减少以及负债、所有者权益的减少则记入相关账户的“借方”。

（四）资金退出企业的业务，即资产和负债、所有者权益同时减少。资产减少记入有关账户的“贷方”，负债及所有者权益减少则记入有关账户的“借方”。由此可以看出，每类业务都要同时记入有关账户的借方和另一些账户的“贷方”，且记入双方的金额相等。

九、计算方法

试算平衡就是指在某一时日（如会计期末），为了保证本期会计处理的正确性，依据会计等式或复式记账原理，对本期各账户的全部记录进行汇总、测算，以检验其正确性的一种专门方法。通过试算平衡，可以检查会计记录的正确性，并可查明出现不正确会计记录的原因进行调整，从而为会计报表的编制提供准确的资料。

在借贷记账法下，根据借贷复式记账的基本原理，试算平衡的方法主要有两种：本期发生额平衡法和余额平衡法。

（一）本期发生额平衡法

本期发生额平衡法，是指将全部账户的本期借方发生额和本期贷方发生额分别加总后，利用“有借必有贷，借贷必相等”的记账规则，来检验本期发生额账户处理正确性的一种试算平衡方法。其试算平衡公式如下：全部账户本期借方发生额合计=全部账户本期贷方发生额合计（发生额是属于期间动态的会计指标，反映资金的增减变化，所以又称为动态平衡公式）。

这种试算平衡方法的原理是：在平时编制会计分录时，都是“有借必有贷，借贷必相等”，将其记入有关账户经汇总后，也必然是“借贷必相等”。本期发生法平衡法主要是用来检查本期发生的经济业务在进行各种账户处理时的正确性。

（二）余额试算平衡法

余额试算平衡法就是根据本期所有账户借方余额合计与贷方余额合计的恒等关系，检验本期账户记录是否正确的方法。其理论依据是资产和权益的恒等关系。余额试算平衡法又可分为期初余额平衡与期末余额平衡两类。其试算平衡公式如下：

全部账户的借方期末余额=全部账户的贷方期末余额

全部账户的借方期初余额=全部账户的贷方期初余额

（余额是属于时点静态的会计指标，反映资金增减变动后的结果，所以又称为静态平衡公式。）

余额平衡法的基本原理：在借贷记账法下，资产账户的期末余额在借方，负债和所有者权益账户的期末余额在贷方，由于存在“资产=负债+所有者权益”的平衡关系，所以全部账户的借方期末余额合计数应当等于全部账户的贷方期末余额合计数。余额平衡法主要是通过各种账户余额来检查、推断账户处理正确性的。

如果试算不平衡，说明账户的记录肯定有错；如果试算平衡，说明账户的记录基本正确，但不一定完全正确。这是因为有些错误并不影响借贷双方的平衡。

发生这类不影响平衡关系的错误通常包括以下几个方面。

1.某项经济业务在有关账户中全部重记、全部漏记或多记、少记，且金额一致等错误，并不能通过试算平衡来发现。但试算平衡仍是检查账户记录是否正确的方法。

2.某项经济业务记错账户，而方向无误，借贷仍然平衡。

3.某项经济业务记录的应借、应贷账户相互颠倒，借贷仍然平衡。

4.记录某账户的错误金额一多一少，恰好互相抵消，借贷仍然平衡。

十、借与贷的关系

借与贷的对应关系有单一型和复合型。单一型即“一借一贷”，借方有一个会计科目，贷方也只有一个会计科目。复合型有“一借多贷”“多借一贷”“多借多贷”。

一借多贷：借方一个会计科目对应（即金额的对应相等）贷方多个会计科目。

多借一贷：借方多个会计科目对应贷方一个会计科目。

多借多贷：借方多个会计科目对应贷方多个会计科目；一般只在一笔经济交易或事项客观存在复杂关系时才使用，编制会计分录时应尽量避免。

十一、主要优点

其优点主要有以下几方面：

（一）有利于分析经济业务，加强经济管理；

（二）有利于防止和减少记账差错；

（三）在账户设置上较为灵活；

（四）有利于会计电算化。

会计的基础课程始于借方和贷方。借方在账簿的左侧，贷方在账簿的右侧。在这里，要牢记一条不变的定律："借方=贷方"。换句话说，在任何交易中，都必须同时登记到账簿的左右两侧，其原则如下：

（一）资产增加时，记入左侧；资产减少时，记入右侧；

（二）负债增加时，记入右侧；负债减少时，记入左侧；

（三）所有者权益增加时，计入右侧；所有者权益减少时，计入左侧；

（四）成本增加时，计入左侧；成本减少时，计入右侧；

（五）收入增加时，计入右侧；收入减少时，计入左侧；

（六）费用增加时，计入左侧；费用减少时，计入右侧。

会计等式为：资产=负债+所有者权益。利润分配之前为：资产+费用=所有者权益+负债+收入。

可以看出，"借"和"贷"两个符号规定了相反的含义："借"对于会计等式左边的账户是表示资产费用类账户的增加，对于会计等式右边的账户表示负债，所有者权益，收入类账户的减少；"贷"正好相反。因此有了上述的记账规则。借贷记账法是以借贷为记账符号的一种复式记账法。

借贷记账法是会计基础的重点和难点，理解透彻才能为更深入的学习打下基础。

十二、特点

（一）记账符号。记账符号是人们公认的一种记账记号，是指明经济业务应计入账户的方法和金额增减变化的一种符号。借贷记账法的记账符号是"借"和"贷"，根据会计等式的平衡关系，"借"和"贷"都有双重经济含义。

（二）账户结构。账户结构是指在每一个账户中反映经济业务增加、减少和余额的计算方位。每个账户结构取决于不同的记账方法和账户的性质（类别）。因此使用借贷记账法，其账户结构必须结合账户类别才能正确运用。

（三）记账规则。“有借必有贷，借贷必相等”。

（四）试算平衡。

十三、案例分析

1.M公司于2000年3月15日来办理迁厂销户，其存款账户余额为500 000元，经计算截止当日应支付的利息为25 000元。

借：××活期存款——M公司500 000元

利息支出25 000元

贷：辖内往来等525 000元

2.甲公司来行提交一式三联“银行本票申请书”，要求开户行为其签发银行不定额本票300 000元用于购货结算，经开户行认真审查，同意办理。

借：××活期存款——甲公司户300 000

贷：本票300 000

3.本行开户单位乙公司提交“转账支票”及一式三联“进账单”，用以支付他行开户的丙单位的购货款60 000元，经审查后入账。

借：××活期存款——乙公司户60 000

贷：存放中央银行款项60 000

4.经查看，当日有一笔申请人为乙公司的银行承兑汇票200万元，现已到期，填制两借一贷特种转账传票办理转账。

借：××活期存款——乙公司户2 000 000

贷：应到汇款及临时存款——乙公司户2 000 000

5.收到系统内涪陵支行寄来的信汇凭证3 4及联行贷方报单，经审查是甲公司的销售款，金额为50 000元，经审查后入账。

借：辖内往来等50 000

贷：××活期存款——甲公司户50 000

6.系统内安山支行寄来联行贷方报单及委托收款凭证第四联，此为本行开户的A单位的销货款，金额为100 000元，经审查后入账。

借：辖内往来等100 000

贷：××活期存款——A单位户100 000

7.发生出纳长款一笔，金额500元。

借：现金500

贷：暂收款项——待处理出纳长款户500

8.结转本行本季的投资收益20万元。

借：投资收益200 000

贷：本年利润200 000

第三节　主要经济业务核算

一、资金筹集业务的核算

（一）实收资本的核算

实收资本是指企业实际收到投资者投入的资本。

（1）出资形式、出资人

出资形式：投资者可以采用不同的形式，既可以用货币性资产投资，也可以用实物资产或无形资产作价投资。——借方

出资人：投入资本包括国家投资、其他单位投资、个人投资和外商投

资。——贷方

（2）会计分录

借：资产（银行存款、固定资产、无形资产）

　　贷：来源（实收资本）

实收资本（股份制企业为“股本”）账户——所有者权益类账户

贷方：登记所有者投资的增加额

借方：登记所有者投资的减少额

期末余额在贷方，表示期末所有者投入资本的实有数额。

该账户应按投资者设置明细分类账户，进行明细分类核算。

例1：20××年12月1日，某公司收到投资者投入资本20 000元，存入开户银行。

借：银行存款20 000

　　贷：实收资本——××投资者20 000

例2：20××年12月1日，投资者以全新运输汽车一辆作为投资投入企业，价值50 000元（假定不考虑增值税）。

借：固定资产50 000

　　贷：实收资本——××单位50 000

（二）资本公积的核算

资本公积又称为准资本，是指由于资本（或股本）溢价以及计入所有者权益的利得和损失等原因形成的公积金，可以按法定程序转化为资本。

资本公积账户属于所有者权益类账户。

贷方：登记各种来源渠道形成的资本公积

借方：登记经批准转增资本的资本公积

期末余额在贷方，表示期末资本公积的结余数额。

该账户应设“资本溢价”和“其他资本公积”两个二级明细科目，进行明细分类核算。

1.资本（或股本）溢价

资本溢价是指投资者投入的资本高于其在注册资本中所占份额的部分，这部分投入资本计入资本公积（资本溢价）。

企业初建时，投资者投入的资本全部构成注册资本，各投资者投入的资本和其在注册资本（实收资本）中享有的份额是相等的。

扩大规模增加资本时，如有新的投资者加入，则新加入的投资者的出资额一般要高于其在注册资本中享有的份额。

股票溢价产生的原因与资本溢价一样。企业发行股票取得的收入超出股票面值的部分，即股票溢价，应作为资本公积入账（股票发行费用可冲减资本公积）。

2.直接计入所有者权益的利得和损失

主要包括可供出售金融资产公允价值的变动。

例3：B股份有限公司首次公开发行了普通股5 000万股，每股面值l元，每股发行价格为4元。B公司以银行存款支付发行手续费、咨询费等费用共计600万元。假定发行收入已全部收到，发行费用已全部支付，不考虑其他因素，B公司的会计处理如下。

收到发行收入时：

借：银行存款20 000

　　贷：股本 5 000

　　　　资本公积——股本溢价 15 000

支付发行费用时：

借：资本公积——股本溢价 600

　　贷：银行存款600

例4：某公司经批准后拟将资本公积200 000元，按国家、法人、个人、外商在注册资金中所占的比例转增资本金，如上述比例分别为50%、20%、5%、25%，则转增的会计分录为：

借：资本公积200 000

贷：实收资本——国家资本 100 000

——法人资本 40 000

——个人资本 10 000

——外商资本 50 000

（三）银行借款的核算

短期借款是指企业向银行或其他金融机构借入的期限在1年以下（含1年）的各种借款；长期借款是企业向银行或其他金融机构借入的期限在1年以上的各种借款。

“短期借款”和“长期借款”——负债类

贷方：登记借入的各种借款

借方：登记归还的各种借款

贷方余额：表示企业尚未归还借款的数额

“财务费用”——损益类账户——包括利息支出、汇兑损失以及相关的手续费等。

借方：登记企业发生的各项财务费用

贷方：登记存款利息收入和期末转入“本年利润”账户的财务费用的数额

期末结转后该账户无余额

“应付利息”——负债类账户

贷方：登记应付未付的利息

借方：登记企业实际支付的利息

期末余额在贷方，反映企业期末应付未付的利息。

该账户按债权人设置明细科目，进行明细核算。

例5：12月1日，由于季节性储备材料需要，公司向银行借入50 000元，存入开户银行。借款期限3个月。

借：银行存款50 000

　　贷：短期借款50 000

例6：12月3日，因建造一条生产线，向银行借入300 000元，借款期限为两年，款项已存入银行。

借：银行存款300 000

　　贷：长期借款300 000

例7：某企业于4月1日向银行借入期限为3个月，年利率为10%的短期借款2 000 000元。

在4月1日借入时：

借：银行存款2 000 000

　　贷：短期借款2 000 000

在4、5月末预提当月利息时：

借：财务费用16 666.67

　　贷：应付利息16 666.67

在6月末支付借款利息时：

借：应付利息33 333.34（前两个月应付未付的利息）

　　财务费用16 666.66（一个月的利息）

　　贷：银行存款50 000

在7月1日归还借款时：

借：短期借款2 000 000

　　贷：银行存款2 000 000

二、生产准备业务的核算

主要包括固定资产购入业务和物资采购业务

（一）固定资产购入的核算

1.固定资产概述

（1）固定资产的定义及主要特征

固定资产是指为生产产品、提供劳务、出租或经营管理而持有的，且使用寿命超过一个会计年度的有形资产。按照上述定义，固定资产具有以下特征。

①固定资产属于有形资产。固定资产一般表现为房屋、建筑物、机器、运输工具等，都具有实物形态。这一特征是固定资产与无形资产的重要区别。

②企业持有固定资产是为了生产产品、提供劳务、出租或经营管理，而不是为了销售。这一特征是固定资产与存货的重要区别。

③使用寿命超过一个会计年度。所谓使用寿命，是指企业使用固定资产的预计期间，或者该固定资产所能生产产品或提供劳务的数量。这一特征，可以将固定资产与流动资产区分开来。

（2）固定资产确认的条件

一项资产要确认为固定资产，首先，应当符合固定资产的定义；其次，应当同时满足以下两个条件：

①与该固定资产的有关的经济利益很可能流入企业；

②该固定资产的成本能够可靠地计量。

（3）固定资产的分类

①按固定资产的经济用途分类，分为经营用固定资产和非经营用固定资产。

②按固定资产的使用情况分类，分为使用中固定资产、未使用固定资产和不需用固定资产。

③按固定资产经济用途和使用情况综合分类，可分为七类。

（4）固定资产的初始计量

固定资产的初始计量是指在企业取得固定资产时，对固定资产的计量。

根据企业会计准则的规定，固定资产应当按照其成本进行初始计量。

固定资产成本也称固定资产原价，是指企业购建某项固定资产达到预定可使用状态前所发生的一切合理、必要的支出。

对于外购固定资产的成本，包括购买价款、相关税费、使固定资产达到预定可使用状态前所发生的可归属于该项固定资产的运输费、装卸费、安装费和专业人员服务费等。

从不同来源取得的固定资产，其成本的构成内容和确定的方法并不完全相同（接受捐赠）。

2.购置固定资产核算设置的账户

“固定资产”——资产类科目，用来核算固定资产的原价。

借方：登记增加固定资产的原价

贷方：登记减少固定资产的原价

期末余额在借方，反映企业期末持有的固定资产的账面原价。

该账户按固定资产的类别、使用部门等进行明细核算。

（二）材料采购业务的核算

为了进行产品的生产，企业必须购建厂房建筑物和机器设备等固定资产，并进行材料采购。因此，固定资产购建业务和材料采购业务的核算，就成为企业生产准备业务核算的主要内容。

1.供应过程主要经济业务的核算

供应过程的主要经济业务及材料采购成本的构成。企业在供应过程中，一方面要从购买单位取得所需的各种材料，另一方面要向材料供应商支付材料的买价和增值税，并可能会发生各种采购费用（包括运输费、装卸费、包装费、运输途中的保险费和入库前的挑选整理费用等），所有这些款项的发生都需要企业与各相关单位发生结算业务。材料运达企业，经验收入库后，即为企业可供生产领用的库存材料。材料的买价加上各项采购费用，就构成了材料的采购成本。因此，材料的买价、增值税和各项采购费用的发生和结算，以及材料采购成本的计算，就构成了供应过程经济业务核算的主要内容。

2.账户的设置及其对应关系

（1）“物资采购”账户。为了正确计算所购材料的采购成本，及时准确无误地反映和监督处于采购途中的材料的增减变动和余额情况，应设置“物资采购”账户。该账户的借方登记已购入材料的买价和采购费用，即不论材料物资是否运达企业和是否验收入库，为便于计算材料采购成本，采购材料的实际支出都要记入该账户的借方；该账户的贷方登记已验收入库转入“材料”账户借方的实际采购成本。期末如有余额在借方，表示在途材料的实际采购成本。该账户应按材料品种设置明细账，进行明细分类核算。

（2）“材料”账户。为了反映和监督库存材料的增减变动及其结存情况，应设置“材料”账户。该账户的借方登记已验收入库材料的实际成本，贷方登记所发出材料的实际成本，期末余额在借方，表示结存材料的实际成本。该账户应按材料的种类、名称和规格型号设置明细分类账，进行明细分类核算。

（3）“应付账款”账户。为了反映和监督企业因采购材料而与供应单位发生的结算债务的增减变动及其余额的情况，应设置“应付账款”账户。该账户的贷方登记应付材料供应单位的款项，借方登记偿付的供应单位的款项；期末余额在贷方，表示企业尚未偿还的应付款项。该账户应按供应单位设置明细账，进行明细分类核算。

（4）“应交税金—进项税额”账户。该账户全称为“应交税金—应交增值税—进项税额”账户。“应交税金—应交增值税”账户是用来反映和监督企业应交和实交增值税情况的账户。该账户的借方登记企业因购买材料而应向供应单位连同买价一起支付的增值税额，即增值税进项税额；贷方登记企业因销售产品而应向购买单位收取的增值税额，即增值税销项税额。期末余额应在贷方，表示企业当月应实际向税务部门缴纳的增值税额。该账户应按增值税项目设置明细账，进行明细分类核算。因购货发生增值税时，使用“应交税金——进项税额”账户；因销货发生增值税时，使用“应交税金——销项税额”账户。

（5）“预付账款”账户。为了反映和监督企业因向供应单位预付材料价款，而与供应单位发生的债权结算的增减变动及其余额的情况，应设置“预付账款”账户。企业向供应单位预付账款，表明企业的债权增加，应记入“预付账款”账户的借方和“银行存款”等账户的贷方；收到供应单位提供的材料，冲销预付款时，表明企业债权的减少，应记入“预付账款”账户的贷方和“材料采购”账户的借方；期末如有余额一般在借方，表示企业尚未收到材料的预付款项。该账户应按供应单位设置明细账，进行明细分类核算。

（6）“应付票据”账户。为了反映和监督企业采用商业汇票（商业承兑汇票或银行承兑汇票）采购材料而与供应单位发生的结算债务的增减变动及其余额的情况，应设置“应付票据”账户。企业开出承兑汇票时，贷记本账户；偿还应付票据时，借记本账户；期末如有余额在贷方，表示尚未到期的应付票据款。

3.业务举例

例8：企业从永宏市AB公司购入甲、乙两种材料。甲材料400千克，单价50元，计20 000元；乙材料800千克，单价100元，计80 000元。买价共计100 000元，增值税进项税额17 000（100 000 × 17%）。上述款项已用银行存款支付。

这笔经济业务的发生，一方面使企业的材料采购成本增加100 000元，即材料买价100 000元，增值税进项税额增加17 000元；另一方面也使企业的银行存款减少117 000元。因此，这笔经济业务应涉及到“物资采购”、“应交税金—进项税额”和“银行存款”三个账户。材料的买价应记入“物资采购”账户的借方，增值税进项税额的增加应记入“应交税金—进项税额”账户的借方，银行存款的减少应记入“银行存款”账户的贷方。

其会计分录如下：

借：物资采购——甲材料　　　　20 000

——乙材料　　　　80 000

应交税金——进项税额　　　　17 000

贷：银行存款　　　　117 000

例9：企业从永宏市CD公司购进甲材料600千克，单价50元，计30 000元，增值税进项税额5 100（30 000×17%）元，材料已验收入库，款项尚未支付。

这笔经济业务的发生，一方面使企业的材料采购成本增加30 000元，增值税进项税额增加5 100元；另一方面也使企业的债务增加35 100元。因此，这笔经济业务应涉及到"物资采购"、"应交税金—进项税额"和"应付账款"三个账户。其中，企业债务的增加应记入"应付账款"账户的贷方。

其会计分录如下：

借：物资采购——甲材料　　　　30 000

应交税金——进项税额　　　　5 100

贷：应付账款——CD公司　　　　35 100

例10：企业以银行存款54 000元向永宏市AB公司预付购买乙材料货款。

这笔经济业务的发生，一方面使企业的银行存款减少54 000元，另一方面也使企业预付账款增加54 000元。因此，这笔经济业务的发生涉及到"银行存款"和"预付账款"两个账户，其中，预付账款的增加是企业资产的增加，应记入"预付账款"账户的借方。

其会计分录如下：

借：预付账款——AB公司　　　　54 000

贷：银行存款　　　　54 000

三、产品生产业务的核算

（一）产品生产业务的主要内容

在产品的生产过程中，企业必然要发生诸如固定资产的磨损、材料的消耗以及劳动力的耗费（包括生产工人和管理人员）等各项生产耗费。企业在一定时期内发生的、能够用货币额表现的生产耗费，叫做生产费用。根据稳健性原则的要求，这些生产费用按是否计入产品成本，分为产品生产费用和期间费用。将制造费用最终归集、分配到一定种类的产品上，所形成各种产品的生产成本的计算方法，称为“制造成本法”。将全部生产费用最终要归集、分配到一定种类的产品上，所形成的各种产品的生产成本的计算方法，称为“完全成本法”。根据我国《企业会计准则》的规定，工业企业计算产品生产成本的方法采用“制造成本法”。所以，工业企业为生产一定种类和数量的产品所发生的各项制造费用的总和，即为产品的生产成本。因此，在产品生产过程中，制造费用的发生、归集和分配以及产品生产成本的计算，就构成了产品生产业务核算的主要内容。

（二）产品成本计算的程序

1.确定成本计算对象

确定成本计算对象是进行成本计算首先要解决的问题。所谓成本计算对象，是指成本归集和分配的对象。例如要计算各种产品的成本，那么该种产品就是成本计算对象。所以，成本计算对象的确定，是设置产品生产成本明细账（或称“成本计算单”），归集生产费用，正确计算产品成本的前提。在实际工作中，成本计算对象的选择虽与不同类型企业的生产特点和管理要求不同密切相关，但最终都要按照产品品种计算出各种产品的生产成本。所以按产品品种确定成本计算对象是最基本的成本计算对象，由此而产生的产品成本计算方法——“品种法”，是最基本的成本计算方法。

2.确定成本计算期

所谓成本计算期，是指每隔多长时间计算一次产品成本。从理论上讲，产品生产成本的计算期间应当同产品的生产周期保持一致，如造船、大型机械制造等单件小批量生产的企业，就是以生产周期来确定成本计算对象。但是，由于企业生产产品品种的多样性和生产周期的不确定性，使得大多数企业很难按照产品的生产周期来计算产品生产成本。为与会计报告的期间一致，便于进行期间考核，大多数企业的产品成本计算期，一般是以“月份”作为成本计算期。所以，成本计算期的确定既与产品的生产周期有关，同时也与成本计算对象密不可分。因此，在会计实际操作过程中，成本计算期有会计期间和产品的生产周期两种。一般情况下，在大批量生产并以产品品种为成本计算对象的企业，其产品的生产周期通常比会计期间短，则选会计期间（月份）为成本计算期；在小批量生产并以单件产品为成本计算对象的企业，其产品的生产周期通常比会计期间长，则选产品的生产周期为成本计算期。

3.确定产品成本项目

所谓成本项目，是指计入产品成本的生产费用按照其经济用途所进行的分类。为了达到降低成本，提高经济效益的目的，成本计算除提供各种产品的总成本和单位成本的资料外，在生产费用按其经济内容分类的基础上，再按照经济用途进行分类，以了解成本的经济构成。也就是说，计入产品成本的生产费用，在成本计算中应按成本项目进行归集。在制造成本法下，工业企业一般应设置直接材料、直接人工和制造费用三个成本项目。“直接材料”项目，是指直接用于产品生产并构成产品实体的原料及主要材料；“直接人工”项目，是指直接参加产品生产的工人工资以及按生产工人工资和规定比例计提的职工福利费；“制造费用”项目，是指发生在车间范围内直接用于产品生产，但不便于直接计入某个成本计算对象，因而没有专设成本项目的费用（如机器设备的折旧费）和间接用于产品生产的各项费用（如车间管理人员的工资等）。对于发生在企业行政管理部门范围内为组织和管理生产经营活动的管理费用，应作为期间费用直接计入当期损益，而不应计入产品生产成本。

4.按权责发生制，划清费用的受益期限

企业为产品生产而发生的某些生产费用，有一些是在本期实际支付但受益期限横跨多个会计期间；而另一些虽未在本期实际支付但本期已经受益，所以就应以承担付款责任的日期为确认标志的“权责发生制”对各期的生产费用进行确认，划清费用的受益期限。即应计入本期的生产费用，不论其款项是否已实际付出，都要作为本期的生产费用来加以确认。也就是说，企业在某一成本计算期内发生的生产费用，不一定全部计入本期产品成本，而本期的产品成本也不一定都是本期实际支付的费用。

5.按成本分配的受益原则，划清费用的受益对象

成本计算就是要具体计算各个成本计算对象所应负担的生产费用，所以，在对各成本项目按照权责发生制划清了受益期限后，为正确计算产品的生产成本，还应将属于该期的生产费用在当期所生产的各种产品之间进行分配，并应遵循谁受益谁负担以及按受益程度大小来负担的原则。对于能够直接分清受益对象的直接费用，则直接计入各该成本计算对象；而对不能够直接分清受益对象的间接费用，即应由两个以上的成本计算对象共同负担的费用，就应选用和该费用发生直接关联的项目作为分配标准，采用比例分配法，在各成本计算对象之间进行分配并计入该成本计算对象。

6.按成本计算对象开设并登记生产成本明细账，编制成本计算单

在按照权责发生制原则和受益原则正确划分了应由各期各种产品负担的生产费用后，还应按成本计算对象开设生产成本明细账；并在账内按成本项目设置专栏，进行明细分类核算，以提供每种产品当期所耗费的各种生产费用的详细资料。此外，在生产不止一种产品并有完工产品的月份，还应依据生产成本明细账，分产品和成本项目编制成本计算单，以提供当期已完工产品的总成本和单位成本。

（三）设置的主要账户及对应关系

为了反映和监督各项生产费用的发生、归集和分配，正确计算产品的生产成本，应设置以下账户。

1.“生产成本”账户

该账户是用来归集产品生产过程中所发生的应计入产品成本的各项费用，

并据以产品生产成本的账户。借方登记应计入产品成本的各项费用，包括平时登记应直接计入产品成本的直接材料费和直接人工费，以及月末登记应计入产品成本经分配转入的制造费用；贷方登记已完工验收入库转入“产成品”账户借方的产品生产成本转出额；期末余额在借方，表示尚未完工产品（在产品）的成本。该账户应按产品品种设置明细账，进行明细分类核算。

2.“制造费用”账户

该账户是用来归集和分配在车间范围内，为组织和管理产品的生产所发生的不便于直接计入“生产成本”账户各项间接费用的账户，包括车间管理人员的工资和福利费、车间用固定资产的折旧费、修理费、办公费、水电费、厂房租赁费、劳保费以及机物料消耗费等。借方登记平时在车间范围内实际所发生的各项制造费用；贷方登记月末经分配后转入“生产成本”账户借方的制造费用转出额；该账户月末经分配结转后应无余额。该账户应按生产车间设置明细账，并在账内按费用项目设置专栏，进行明细分类核算。

3.“应付工资”账户

该账户是用来核算企业向所有职工应支付的月工资总额以及与职工间工资结算情况的账户。贷方登记本月结算的应付职工工资总额，同时，对应付的工资额，应作为工资费用，按其经济用途分配记入有关的成本、费用账户。一般情况下，车间生产人员的工资费用记入“生产成本”账户；车间管理人员的工资费用记入“制造费用”账户；企业行政管理人员的工资费用记入“管理费用”账户。账户借方登记本月实际支付的工资额。月末本账户如有余额，表示本月应付工资额与实际已支付工资额之间的差额。如余额在贷方，表示本月应付而未付的工资额；如为借方余额，则表示本月多支付的工资额。这种差额的形成，往往是由于计算应付工资额与实际发放工资额时所依据的出勤日数的差别引起的，即计算应付工资额时按本月实际出勤日数计算，计算实发工资额是按上月的实际出勤日数计算的，也即各月所实际发放的是上月的应发工资额，而非本月实际应发的工资额。而各月份的实际出勤日数是很难达到一致的。如果本月与上月的出勤日数一致或各月应付工资额与实际发放额都按同一月份出勤日数计算，该账户月末就无余额。

4.“应付福利费”账户

该账户是用来反映和监督企业按照职工工资额和国家规定的计提比例，对职工福利费的提取和支用情况的账户。按规定，各企业单位为了保证职工身体健康，改善和提高职工的福利待遇，都应按照职工工资总额和国家规定的一定比例（现行比例为14%），计提职工福利费，用于职工的医药费、困难补助、医务及福利部门人员的工资等。各月份按照职工工资额和规定的提取比例计提职工福利费时，记入“应付福利费”账户的贷方，表示企业应付职工福利费的增加，并同时记入当期相应的成本和费用账户的借方。除将按照医务及福利部门人员的工资额提取的福利费记入“管理费用”账户借方外，按其他人员的工资额提取的福利费与发生的工资费用应记入的账户及方向一致。企业实际支付福利费时记入“应付福利费”账户的借方，期末余额在贷方，表示企业结余的福利费。

5.“产成品”账户

该账户是用来反映和监督企业库存产成品的增减变动及其结存情况的账户。借方登记已经完成全部生产加工过程并已经验收入库的产成品的实际成本；贷方登记因销售等原因所出库的产成品的实际成本；期末余额在借方，表示库存产成品的实际成本。该账户应按产成品的品种和规格设置明细账，进行明细分类核算。

6.“累计折旧”账户

该账户是用来反映和监督企业在生产经营过程中所使用的所有固定资产的折旧额的提取和注销情况的账户。固定资产折旧额即是固定资产因使用而转移到企业成本费用中去的金额，因此，固定资产的折旧也称固定资产的价值转移。这样做不仅使企业投资在固定资产上的价值能够在固定资产的使用期间内得以回收，使企业在将来有能力重置固定资产，而且也会使企业实现期间收入与费用的正确配比。

前已述及，为了反映和监督固定资产原值的增减变动及其结存情况，在会计核算中已经设置了“固定资产”账户，而“固定资产”账户是按固定资产的原值进行计价核算的，并不记录固定资产因使用所磨损的、应转移到产品的成本和企业的期间费用中去的那部分价值。因此，应在账户体系中设置“累计折旧”账户，以专门用来反映和监督固定资产因使用所应提取的折旧额，也即固定资产因使用所应转移到产品成本和期间费用中去的那部分价值。该账户是“固定资产”账户的抵减账户，借方登记每月提取的折旧额；贷方登记固定资产因出售、毁损、报废等原因减少时，应注销的该项固定资产累计提取的折旧额；期末余额应在贷方，表示企业现有固定资产已提取折旧的累计额。将“累计折旧”账户的贷方余额从“固定资产”账户的借方余额中减去，即可求得该项固定资产的净值。

7. “待摊费用”账户

按照我国《企业会计准则》的规定，企业应以权责发生制原则作为确认各会计期间费用的标准，在会计期间假设下，企业必然会发生一些受益期与实际支付期不一致的费用项目，这些费用项目有的属于支付在先，受益在后；有的则属于受益在先，支付在后。为正确确认各期的费用，就要求在会计核算中，专门设置用以核算这些受益期与支付期不一致的费用项目的账户——“待摊费用”账户和“预提费用”账户。

“待摊费用”账户是用来专门反映和监督那些先支付后受益，且受益期限在一年或一个营业周期以内的各项费用的支付和分摊情况的账户。常见的待摊费用项目有：预付的财产保险费、预付的报刊杂志费、采用待摊方式支付的固定资产的大修理费和租赁费等。借方登记实际支付待摊费用额；贷方登记各受益月份应分摊的计入各有关费用账户借方的摊费用额；期末余额在借方，表示企业已支付但尚未摊销的费用额。该账户应按费用种类设置明细账，进行明细分类核算。

8.“预提费用”账户

该账户是用来反映和监督先受益后支付的各项费用的提取和支付情况的账户。常见的预提费用有：预提的短期借款利息费用、预提的固定资产的大修理费用和预提的租赁费等。贷方登记各月按预定标准提取、应由本期产品成本和期间费用负担的各项费用；借方登记各项费用的实际支出数；业务所负担的各种销售税金（包括营业税、消费税和城市维护建设税等）的账户。借方登记按照规定标准计算出的本期应负担的各种销售税金；贷方登记期末转入“本年利润”账户的各种销售税金转出数；该账户在期末结转后无余额。

9.“其他业务支出”账户

该账户是用来反映和监督企业主营业务以外的其他销售或其他业务所发生的支出（包括销售成本、销售费用、营业税金及附加）的账户。发生其他业务支出时，借记本账户，贷记“材料”、“无形资产”、“现金”、“银行存款”等账户；期末结转本期其他业务支出时，贷记本账户，借记“本年利润”账户；期末结转后该账户无余额。该账户应按照其他业务的种类设置明细账，进行明细分类核算。

（四）业务举例

例11：用银行存款支付广告费5 000元和运杂费600元。

这笔经济业务的发生，一方面使企业的银行存款减少5 600元；另一方面也使企业负担的广告费用增加5 000元，运杂费增加600元，广告费用和运杂费用属于企业的产品销售费用。因此，本业务涉及到“银行存款”和“营业费用”两个账户。其中，产品销售费用的增加应记入“销售费用”账户的借方。其会计分录如下。

借：销售费用——广告费　　　　5 000
　　　　　　——运杂费　　　　600
　贷：银行存款　　　　　　　　5 600

四、利润分配的核算

（一）利润分配的内容及留存收益的计算

企业实现的净利润，应按照国家规定进行分配。企业进行利润分配的主要内容和顺序如下。

1.提取盈余公积金

法定盈余公积金一般按本年税后利润的10%提取。当企业法定盈余公积金达到企业注册资本的50%时，可不再提取。企业的盈余公积金主要用于弥补亏损或者转增资本；当转增资本时，转增后企业盈余公积的数额不得少于其注册资本的25%。

2.向投资者分红

根据本年可供分配的利润在各投资者之间按照投资额的大小进行分配。本年可供分配的利润的计算公式如下：

本年可供分配的利润 = 年初未分配利润 + 本年税后利润 − 本年提取的盈余公积金

利润分配后的余额为企业年末未分配利润，它是指企业留到以后年度分配的利润或待分配的利润。未分配利润与企业提取的盈余公积金统称为企业的留存收益，它是指企业为经营发展的需要，而留存于企业的那部分利润。

（二）设置的主要账户及其对应关系

1.“利润分配”账户

该账户用来反映和监督企业已分配的利润数额。借方登记实际分配的利润数额；贷方登记年终由“本年利润”账户转入的本年实现的净利润；该账户在年度中间为借方余额，表示截止本期，企业已累计分配的利润数额。平时，将“本年利润”账户的贷方余额（即累计实现的利润）与“利润分配”账户的借方余额（即累计已分配的利润）相抵，即可求得本年未分配的利润余额。年末，将全年实现的净利润，自“本年利润”账户借方结转记入“利润分配”账户的贷方后，该账户无余额。该账户应按利润分配的内容或去向（提取盈余公积、应付利润）设置明细账，进行明细分类核算。

企业进行利润分配，意味着企业实现的利润额的减少，本应借记“本年利润”账户，直接冲减本年实现的利润额。但是，如果这样处理，“本年利润”账户的期末贷方余额只能是本年的未分配利润额，就不能提供本年已累积实现的利润额和本年已累积分配的利润额。而这两项指标恰恰又是管理上需要提供的。基于这种原因，在会计核算中专门设置了“利润分配”账户。这样，“本年利润”账户就只反映企业本年实现利润的原始数据，“利润分配”账户就只反映企业本年分配利润的原始数据；在平时，通过“本年利润”账户和“利润分配”账户有关余额的相抵，反映本年的未分配利润额。

2.“未分配利润”账户

该账户是用来反映和监督企业历年积存的未分配利润或未弥补亏损的账户。借方登记年终由“利润分配”账户转来的本年度已分配的利润数额或由“本年利润”账户转来的本年度发生的亏损额；贷方登记年终由“本年利润”账户转来的本年度实现的净利润额和由盈余公积、未分配利润、税前利润弥补的以前年度的亏损额；期末如为借方余额，表示累计未弥补亏损；期末如为贷方余额，表示累计未分配利润。

3.“盈余公积”账户

该账户是用来反映和监督企业从净利润中提取的盈余公积金增减变动和结存情况的账户。贷方登记从税后利润中提取的盈余公积金；借方登记如转增资本、弥补亏损等盈余公积金的支用；期末余额在贷方，表示期末盈余公积金的结余额。

第六章

财务会计与财政税收

第一节　对财政税收的认识

财务税收制度是国民经济的根本，财政是一个经济范畴，是一种以国家为主体的经济行为，是政府集中一部分国民收入用于满足社会公共需要的收支活动，以达到优化资源配置、公平分配及经济稳定和发展的目标。财政收入是财政分配的第一个阶段，是国家为实现其职能的需要，凭借一定的权力，将一部分社会产品集中起来所形成的各种货币或实物资产收入。作为一个过程，它组织收入、筹集资金；作为一定量的货币资金，它是国家通过一定的形式和渠道集中起来的货币资金。依据不同的标准，可以对财政收入进行不同的分类。

国际上对财政收入的分类，通常按政府取得财政收入的形式进行分类。这种分类方法下，将财政收入分为税收收入、国有资产收益、国债收入和收费收入以及其他收入等。其中，税收是政府为实现其职能的需要，凭借其政治权利并按照特定的标准，强制、无偿地取得财政收入的一种形式，它是现代国家财政收入最重要的收入形式和最主要的收入来源。

在社会主义市场经济条件下，税收成为我国财政收入的主要形式，税收收入逐年大幅度上升，是财政收入最主要的来源。国家运用税收筹集财政收入，通过预算安排，支持农村发展，用于环境保护和生态建设，促进教育、科学、文化、卫生等社会事业的发展，用于社会保障和社会福利，进行交通、水利等基础设施和城市的公共建设以及国防建设，维护社会治安，用于政府的行政管理，开展外交活动，保证国家安全，满足人民群众日益增长的物质文化需要。

税收组织财政收入的作用，主要体现在以下两个方面。一是税收来源的广泛性。税收不仅可以对流转额征税，还可以对各种收益、资源、财产、行为征税；不仅可以对国有企业、集体企业征税，还可以对外资企业、私营企业、个体工商户征税，等等。税收保证财政收入来源的广泛性，是其他任何一种财政收入形式不能比拟的。二是税收收入的及时性、稳定性和可靠性。

由于税收具有强制性、无偿性、固定性的特征，因此税收就把财政收入建立在及时、稳定、可靠的基础之上，成为国家满足公共需要的主要财力保障。提高财政收入，即增加税收，最根本的做法就是发展经济。影响财政收入的根本性因素是经济发展水平，所以只有大力发展经济，使经济持续稳定地增长，财政收入才能增加。财政收入的增加是财政支出的前提，也是在市场经济条件下发挥国家宏观调控作用的基础。增加财政收入具体的措施如下。

一、完善税收征管制度

可以适当地提高某些税种的税率，比如企业所得税，个人所得税等。对于那些所得超过一定数额的企业和个人，适当提高征收税率。这样一来不仅增加了财政收入，而且能阻止贫富分化进一步扩大的趋势。遏制偷税漏税行为。对于偷税漏税的行为，企业及个人严惩不贷。完善相关法律，让偷税漏税行为无机可乘。

二、完善收入分配制度

合理的收入分配方式有利于经济发展、社会进步和效率提高。合理的收入分配制度是社会公平的重要体现，是推动科学发展、促进社会和谐的重要保障。改革开放以来，我国收入分配制度改革和调整取得积极成效。但是，居民收入在国民收入分配中的比重下降、收入差距扩大等问题依然存在。所以要完善收入分配制度，把财政这块“蛋糕”既要做大，又要分好。同时要遏制灰色收入的滋生。

三、增加就业

目前我国就业形势相当严峻，国家应出台一系列的政策，增加就业，缓解就业压力。增加就业同样促进经济发展，也会间接提高国家财政收入。

四、处理好国家、企业、个人的关系

兼顾国家、集体和个人三者之间的物质利益，是指政府在处理国民收入再分配、并取得自身收入的过程中，不能只考虑财政收入获取的多少，还应将必要的财力留给企业和个人，以调动、发挥企业和个人的积极性。增加财政收入要处理好国家、企业、个人的关系，在保证国家财政收入稳步增长的基础上，使企业生产得到发展，使人民生活水平得到提高。只有这样，才能保证经济的发展和整体经济效益的提高。

但是，如果国家财政收入过多，就是财政资金分配不当的一种表现。财政收入增长过快将吸干经济发展成果，这种对经济发展竭泽而渔式的攫取将大大影响经济发展后劲。高税收、高收费直接削弱经济实体的发展后劲，使其没有技术创新、设备升级改造、扩大再生产的积累，并且直接导致实体经济链条利润率过低，甚至保本经营，扼杀其生产积极性。从劳动要素来说，在一次分配环节中对劳动所得税收过重，直接影响经济发展最根本的动力——消费。转变经济发展方式要求把经济增长拉动转变到以内需消费为主，财政收入过多导致的高税收将大大阻碍启动居民消费大计的实施。它的结果是会直接减少企业和个人的收入，这会对企业生产规模的扩大和个人购买力的增加产生不利影响，最终会阻碍经济的发展，背离财政收入增加的初衷，反而导致财政收入增加困难。

如果国家财政收入过少，其直接后果则是减少财政在经济建设方面的支出，降低国家对经济的宏观调控能力，最终也将不利于经济快速健康发展，从而影响财政收入稳步增长。

所以，增加财政收入要处理好国家、企业、个人的关系。在保证国家财政收入稳步增长的基础上，使企业生产得到发展，使人民生活水平得到提高。应该看到，同其他国家相比，国家财政收入占国内生产总值比重偏低，国家掌握的财政收入偏少，是我国当前面临的一个问题。因此，笔者觉得国家应该很好地解决这个问题。

在处理调整工资与国家财政的关系上，既不能单纯地为了保证财政收入而使工资长期冻结，影响职工生活水平的不断提高，又不能脱离国家财力的制约而任意提高工资，而是必须把财政收支的安排同工资增长的幅度密切结合起来。在其他条件不变的情况下，处理好调整工资与国家财政的关系，保证工资随着国民收入的增长而增长。这就要努力提高劳动生产率，不断发展社会生产力，采用高科技生产手段，完善企业管理制度，开展市场竞争，以达到财政收入的增长。

五、促进技术进步

生产技术水平也是影响财政收入规模的重要因素，因为一定的经济发展水平总是与一定的生产技术相适应，较高的生产技术水平是较高的经济发展水平的基础和保障。由此看来，促进技术进步，提高经济效益是增加财政收入的重要途径。

除此之外，第一产业、第二产业、第三产业也同样影响财政的收入。第一产业是国民经济的基础，其发展状况会影响到人民生活水平及整个国民经济的发展。从这个意义上说，第一产业也是我国国民收入的基础。民以食为天，农业是国民经济的基础，没有农业的发展，也就没有国民经济其他部门的发展，财政收入的增长就会受到制约。第二产业是国民经济的主导，对财政收入的增长起决定性的作用。第二产业主要指工业。工业是国民经济的主导，为国民经济各部门提供现代化的技术装备，是促进国民经济各部门发展的物质基础，国民收入的绝大部分是由工业创造的。第三产业主要指除农业和工业之外的国民经济各部门，包括商品流通业、交通运输业、旅游服务业等，是沟通生产和消费的桥梁。第三产业对其他产业财政收入的形成具有重要意义，第三产业的发展，可为第一和第二产业提供科技服务与咨询、信息、购销存储、交通运输以及融资服务等。

第二节　中国财政税收体制

财政税收体制改革对我国经济社会发展起着重要作用，只有全面实施财政税收改革，才能更好地促进社会和谐、经济平稳增长。财政税收体制对具体工作实施有着重要影响，只有对财政税收体制进行改革，才能更好地完善财政税收的各项政策，才能更好地为我国社会主义现代化服务。从财政税收的作用来看，财政税收的实施可以优化社会资源、合理配置社会资源、促进收入分配平衡协调、社会公平正义，为我国建设社会主义和谐社会提供重要的政策保障，我国在财政税收体制的引导下可以更好地实施宏观调控政策。因此，财政税收对社会经济的影响是巨大的，财政税收的政策体制关系到我国各项事业的发展完善，只有拥有完善的财政税收体制，社会主义现代化事业才能顺利推向前进，我国未来才会拥有更加繁荣的景象。财政税收体制改革可以更好地维持经济社会持续稳定，落实科学发展观，为构建社会主义和谐社会提供强大的动力支持。

一、财政支出、预算体制、税制转型需进一步完善和优化

我国财政体制改革促进了一系列工作的完善和发展，其中主要体现是国库支付方式发生改变，采取了集中模式，集中支付方式对国库的优化提供了重要思路和途径。政府采购一直是各级部门关心的大事，通过财政体制改革，政府采购的相关政策也得到进一步的提高，采购过程更加透明，采购模式更加先进。因此对财政体制改革、对深化政策采购制度改革起到积极重要作用。财政绩效管理一直是政府财政改革的焦点问题，通过财政改革促进政府财政绩效考核的完善，对政府财政绩效考核的力度更大，实施方案更加明确，因此财政制度的优化发展对

我国政府各项事业都是一个很大的促进。必须积极深化财政体制改革，达到优化政府各项事业的最终目的。我国政府采购制度得到很好的优化，其改变传统的采购模式，采取集中采购的管理模式，为政府采购开辟了更加广阔的空间，政府绩效考核的力度加大，为提高政府办事效率起到了重要作用。不合理的体制导致政府办事效率低下，很难实现事业上的突破，根本原因是体制出了问题，没有良好体制的支撑，各项事业很难得到发展。因此，为促进政府向服务型政府目标迈进，必须不断进行体制改革，只有体制不断完善，才能更好地带动其他事业向前发展。伴随着我国财政支出体制的完善，支出结构的不断优化和调整，我国政府全面落实科学发展观的理念，不断加大政府财政投入，有力地推动了我国社会各项事业的健康发展。其中主要表现在公共基础设施财政投入加大，科技教育人文方面得到空前发展，社会保障体系更加健全，社会服务科技创新的投入力度加大。一系列的财政投入改变了我国以往的社会面貌，加快了我国全面建设小康社会的步伐，为我国各项事业的向前推进奠定了坚实的基础。我国财政结构调整和优化之后，社保、卫生、教育等社会公共事业得到很大的发展，改变了我国以往教育、社保、卫生公共事业财政投入不足，公共事业一直落后的局面。农村问题一直是我国政府重视力度不够的地方，通过财政制度的优化，我国对农村的财政投入力度不断加大，农村义务教育普及，农村社会保障体制得到健全，农村医疗卫生事业得到很大的发展，农村各项事业得到完善和发展，为我国新农村建设提供重要的财政支持。

财政体制改革中一个重要方面是预算制度改革，只有加强预算制度改革，不断深化预算体制改革，加强预算监督的力度，才能从根本上完善预算体制改革。财政预算实现收支两条线管理的合理管理模式，促进财政体制的预算合理性，保证财政预算的健康发展。预算体制效率提高是预算制度改革的重要组成部分，只有加强制度效率建设，才能更好地完善效率对改革的积极作用，扩大我国预算体制管理的范围，加强预算体系建设，最终形成一套职能齐全、覆盖范围广的预算管理新举措。国有资本预算制度的改革是社会发展的重要标准，只有对国有资本预算制度改革，才能促进各项预算体系的改革，才能更好地为整个预算体制提供更好的平台，把预算工作提升到一个更高、更好的层次，为服务社会主义经济文化建设提供更加有力的制度政策支持。我国政府必须完善以增值税为主的税务制度改革，建立新流转税制度，为社会主义税收制度建设提供一个好的平台。我国新形势下，必须完善计划经济条件下的产品税向社会主义市场经济条件下的新型流转税方向的转变，税收制度的正常执行为我国财政收入提供了保证，政府有了收入才能增强调整各项财政政策的能力。财政收入在国民收入中的比重逐年上涨，为中央政府和地方政府建立合理分税制度提供了条件。通过分税制度的完善，促进了中央政府和地方政府的沟通协调，提升了中央政府的宏观调控能力，从而提升了各级政府对各项事业的支付能力，同时可以有效地建立转移制度。中央政府加大了对地方政府的财政税收补助力度，通过一系列的手段和方法加大了对贫困地区的财政补助力度，为整个社会健康和谐发展提供了条件。

二、我国财政体制问题分析

我国经济正在经受社会主义市场经济的考验，同时从计划经济向市场经济过渡总有一些不适应规律要求的缺点，不能达到社会主义市场经济体制的要求，过度强调中央政府的宏观调控和财政税收体制的建立完善，而忽略了支出机制的建立，我国地方各级政府财政结构需要进行改进和转变。伴随社会经济的深入和发展，各种问题都会集中暴露出来。从制度角度分析，当前我国的财政税收制度存在很大的局限性，税收体系本身存在的问题较多，导致一系列改革很难实施，财政体制问题得到有效解决才能从根本上实现经济的快速发展。我国政府一直重视税收收入的管理，忽略了非税收收入的管理，税收种类出现了不健全、不完善的状态，很多关系到改变我国收入分配制度改革的新税种没有纳入国家的管理体制中来，制订税收制度时会有不健全的问题出现。只有全面分析税收种类，健全管理方法，才能真正实现体制创新。我国当前的税务体制中的增值税和所得税体制不健全，缺少相关的监督跟踪体系，不利于社会的长期稳定发展，必须加强增值税和所得税制度建设，为社会主义税收体制健全发展创造好的环境。当前的税收体制中对资源和环境税重视力度不够，没有完全纳入国家收入体系中去。政府的收入存在不平衡状态，由下向上出现了集中模式，如此状况导致各级地方政府收入出现严重的不均衡现象。当前税收体制中，分税制度不合理现象严重，中央和地方政府对财政税收的分配比例不尽合理，需要进一步通过制度化来完善。从我国当前的状况来看，企业所得税和各种增值税都是地方政府和中央政府共享管理，此种做法不利于中央政府实行宏观调控，同时也不利于地方政府对税收的管理，各种生产要素很难得到优化配置。

当前我国财政税收政策导致各级政府之间的职能分工不明确，税收支出责任不能明确。地方财政税收和中央财政税收收入不平衡。地区间的财力差别相对较大。各级地方政府对职能的明确程度不够清晰。制度不合理性和财力分配不均状态给我国税收体制改革提出了很多问题，只有全面分析问题，找到问题的根源，才能从根本上解决问题。

财务税收体制存在的问题具体有以下几点。

（一）现阶段财税体制存在一定局限性。主要表现在资源和国有资产收入非税收入没有纳入到政府收入体系的管理范围；税种不健全，部分能够调节社会分配能力的重要税种，如资源与环境税没有纳入到财税体系中，不能有效地发挥税收的调节作用；各级政府财政收入分配一般呈向上集中倾向，在分税制体制安排中，导致财力分配不均，各级地方政府收支划分不合理，不利于中央的宏观调控。

（二）各级政府事权及支出责任改革相对滞后。由于各级政府的财权、财力与事权与支出责任改革滞后，使地方政府收支缺口较大，地区间财力不均衡状态较为明显，部分地方政府财政困难问题较为突出。

（三）预算体制覆盖范围狭窄。相对于税收体制和财政收入分配体制改革，预算管理体制改革后，部分实质性问题未得到有效落实。

总之，作为以增值税为主的税收体系及分税制体制，现行的税收体制不能够有效适应现阶段经济的发展，因此，深化财政税收体制改革，有利于经济建设的深入推进，落实科学发展观，全面协调经济社会的可持续性发展。

三、我国财政体制改革分析

根据我国的实际国情状况，完善我国财政体制改革，必须要从现阶段我国经济社会的发展出发，建立统筹中央和地方的财政体制，从根本上解决财政税收体制的矛盾、实现财政税收的协调发展。中央政府和地方政府对税收的支出责任需要明确，中央政府和省级政府对税收的支出责任要加大，减少地方政府税收负担，地方政府可以从财政压力中摆脱出来，留有更多的精力参与地方经济建设。完善我国财政税收体制必须建立合理的分税制度，特别针对地方政府的实际情况赋予其一定的权利，如立法权、减免权、债务融资权。通过制度的完善可以增加地方政府的财政税收收入。经济社会发展离不开合理税收体制，我国税收制度改革要沿着正确的方向进行，逐步提高直接税在整个国家税收体系中的比例，改变当前以间接税为主的税收体系，制订合理的间接税和直接税的比例关系。税收体制改革必须按照一定的主题顺利向前推进。纳税人的负担一直是国家税收体制改革关注的问题，首先减少纳税人税外负担，合理规范政府收入，杜绝政策制度外收入的发生。

我国税收制度改革必须沿着正确的方向前进，规范纳税人纳税程序，减轻纳税外负担，不断扩大预算水平，增强宏观调控税负的力度，为科学规范纳税制度创造好的条件。个人所得税改革是我国税收体制改革的重要组成部分，建立综合申报和国家机关自动扣除相结合的管理模式，减轻工薪阶层个人所得税的负担。我国要根据实际情况逐步建立物业税、资源税、环境税体制，逐步完善我国税收体制。按照创新型国家建设的需要，统筹国内国外两个市场，建立合理的税收优惠政策，积极推动财政税收体制改革，为我国经济社会发展提供保障。

第三节　财务会计与财政税收的关系

财务会计指的就是这样一种会计，他在现有的会计原则和会计制度的指导和规范下，对企业或单位已经发生或已经完成的经济业务进行确认、计量、记录，并在这样的基础之上形成一定的财务信息，同时将这些财务信息向企业管理者和外部投资者提供报告，使得企业管理者能够依此做出经济决策。而税收会计在目前来讲还是一门新兴的边缘会计学科，这种类型的会计主要是按照国家现行的税收法令，通过货币计量这种形式，采用会计学的理论和核算方法，连续、系统、全面地对税款的形成、计算和缴纳而引起的资金运动进行核算和监督。

一、财务会计和税收会计的联系

财务会计和税收会计的联系表现在，一方面税收会计的信息是建立在财务会计信息的基础之上的。企业为了编制对外的财务报告，就必须通过一定的方法建立一整套企业财务活动资料，而在这种资料的基础之上企业还可以进行税务会计处理。换句话来说，建立在企业会计利润的基础之上的财务会计和税收会计并没有明显的区别，在税收会计报表上，税收会计可以直接利用财务会计的核算结果。而对于那些在财务会计和税收会计之间产生的时间性和永久性差异的部分，则可以通过税法的有关规定进行必要的调整。

财务会计和税收会计的联系还表现在，企业对外编制的财务报告体现了企业财务会计和国家税收会计的协调。因为企业的财务状况会由于税收会计的处理而发生变化，而这种变化就是通过财务报告体现出来的。

二、财务会计与税收会计之间的区别

（一）财务会计和税收会计的核算目标不一样

企业的财务会计核算的方式是按照会计的准则来进行的，它的目的就是将企业的财务状况以及经营成果等提供给企业的所有者、债权人以及经营者，这样就可以为他们做出正确的决策提供依据。财务会计是通过提供资产负债表、损益表以及现金流量表这种方式来实现其目标的。而反观税收会计是按照国家规定的税法来对企业的收入、成本、利润以及所得税进行会计核算，它的目的与企业的财务会计有比较明显的不一样的地方，主要体现在：税收会计的目标是为了使得国家税收得以充分实现，进而调节经济和公平税负；而税务会计是通过纳税申报而实现的。

（二）财务会计和税收会计的核算对象不一样

企业的财务会计核算对象主要包括企业以货币计量的全部经济活动，这些内容就包括了企业资金的投入、循环、周转等过程；而税收会计的核算和监督对象只是针对那些与国家规定的计税相关的经济活动，更加具体的表述方式就是，纳税人在其生产经营的过程中与税收相关的可以用货币表现的各类经济活动。这样也就说明了企业财务会计和税收会计在核算对象上的差异。

（三）财务会计和税收会计在计量属性和损益确认不同

财务会计在对损益进行计量和确认时，所按照的原则是权责发生制原则和配比原则，这样才能对企业在特定的会计期间的财务状况和经营成果进行非常真实的反映。而反观税务会计在具体的核算过程中所采用的原则，就是权责发生制与收付实现制相结合的这样一种原则，这样也就产生了对税款进行分期支付的做法。而对于会计计量属性上，财务会计和税收会计这两种最主要的差别就在于财务会计对于会计的计量属性会将经济的变动因素考虑在里面，而税收会计并不会参考经济变动的因素而坚持一贯的计量属性。

三、让财务会计和税收会计趋于协调的策略

在经济理论学界，对于财务会计和税收会计的关系发展方向有两种不同的观点：一种观点就是将两者之间的差异进一步扩大，使得财务会计与税收会计逐渐分离、互相独立；另外一种观点就是通过各种政策的变化，使得财务会计和税收会计的差异性进一步缩小。我们知道，对于一个国家，无论是其税收政策还是财务政策都各自有着一段历史发展的过程，并在这种时代的发展中形成了一定的惯例。在过去，我国的财务制度中存在较多问题的就是对于企业的经营管理得太多也太死板。随着改革的进一步深入，特别是当《企业财务通则》实施后，我国对于财务会计和税收会计关系的发展方向就定下来了，要采取各种办法在进一步改革中推进财务会计和税收会计的协调关系，要尽可能地将两者的政策保持一致，避免出现财务会计和税收会计不协调的现象。比如在财务会计收益和应税所得的处理上，要尽可能地控制好时间性差异，并力求使得这种差异进一步缩小化。

为了进一步协调好财务会计和税收会计的关系，就要让税收会计遵循会计核算的重要原则。在我国，一直以来，税务部门只是关注税收收入的多少而忽略了在对税收进行征收过程中的成本，这也是为什么我国的税收征收成本比国际平均水平要高出许多。因此，企业的财务会计为了方便税收会计对企业进行税收核算，要对那些企业纳税关系相对重要的会计事项进行分别核算和分别反映，并确保数据的准确性。这样就有利于财务会计和税收会计的关系进一步协调。

通过减少财务会计处理和税收会计处理不一致的事项，进一步使得财务会计和税收会计趋于协调。就现阶段我国企业的发展状况而言，应该尽量减少财务会计和税务会计之间所存在的差异；特别是对于所得税税制的规定上，在确认应税收入时，应该要与财务会计制度一致；同时在税收扣除方面要加大力度，通过对企业税负的减轻，进一步促进企业的发展。这样也在很大程度上，有利于企业财务会计与税收会计关系的协调。

第四节 财务会计与财政税收的职能分配

一、市场经济条件下，税收的调节职能

市场经济社会，税收对经济的调节日益呈多样化的趋势，但具体归纳起来主要表现为两个方面。

一是通过自动稳定政策和相机抉择政策，对社会总需求和总供给进行调节。在自动稳定政策中，我们较为熟悉的就是累进税率，如个人所得税，这在我们日常的工资收入中就明显地体现出来。当经济增长过快甚至过热时，税收的增长就会快于经济增长的幅度，从而导致个人可支配收入的增长低于经济的增长，以减轻社会总需求过旺的压力；相反，当经济增长疲软，甚至衰退时，消费者的信心指数下降，社会总需求萎缩，税收的自动稳定政策就会促使税收减少的幅度大于经济下降的幅度，从而相对增加个人可支配收入，增加消费者的信心，缓解有效需求不足的矛盾。税收的相机抉择政策使政府能直接通过扩大或缩小税基，提高或降低税率，增加或减少税收优惠，来调节社会总的供求关系，使企业和个人的收入在经济的波动时不至于受太大的影响，保持社会需求和供给的总体平衡。

二是调节个人收入和社会财富，实现社会的公平分配。资源的有效配置、经济增长与稳定、公平的分配、社会资本的扩大以及国际经济关系的协调是五项政策目标，但在市场经济条件下，公平分配在五项政策目标中占有重要的位置。因为，在市场经济条件下，每个市场分配主体所掌握的生产要素的数量、质量千差万别，各分配主体获取的要素收入就可能出现较大的差异；这个差异如果太

大，超出了社会各阶层的接受程度，则会导致经济上的被动和社会的不稳定。因此，政府通过税收对个人收入进行调整，对促进经济的稳定和社会的和谐是相当重要的。

二、市场经济条件下，财政调节过程中税收职能的发挥

在市场经济条件下，市场作为社会资源配置的主要载体，它与政府的职能有明显的不同。原则上，市场是通过提供私人产品和服务来满足社会个体的需要来实现的，而政府则是通过财政提供公共产品和服务来满足社会公共需要，以弥补市场的缺陷。目前我国的财政对社会的调节主要通过资源配置、收入分配、经济调控及监督管理四种职能来体现；而税收则通过政府的财政职能这一渠道，在财政调节过程不断发挥着作用。

在资源的配置方面，无论是社会资源在政府与非政府部门之间的转移，还是通过调整财政体制来调节中央与地方的财政关系，都与财政收入有直接的关系。而税收又是财政收入的主要来源，是国家之所以成其为国家、行使其管理职能的物质保证。因此，财政对社会资源的配置在很大程度上就是通过税收的调节来实现的。在收入分配方面，由于市场经济缺陷的存在，政府就需要对收入进行调整和再分配来缩小贫富差距，促进社会的和谐与稳定。如在我国一直讨论很多的个人所得税起征点问题和年收入超过12万税收审报制度的实施，这些政策对调整个人收入，实现社会公平发挥着越来越重要的作用。同样，财产税、遗产税等也是对个人收入和财产的调节。

在调控经济方面，则是通过对财政收支活动的调整，影响人们的生产、消费、储蓄、投资等行为，使社会就业率、物价水平、国际收支差额等保持在一个合理区间，保持经济稳定增长。在对经济的调控过程中，最常用的手段除了改变政府购买数量和转移支付数量外，就是调整税收。

在监督管理方面，财政通过各种渠道对国民经济各方面进行反映和制约，以实现对经济的监督管理。这种监督管理从宏观和微观角度来说：一是利用相应的宏观经济运行指标来实现对经济的监测、跟踪、反馈，为国家对宏观经济的调控提供决策依据；二是建立健全财政、税政、财务会计法律法规，实现对微观经济的监督管理，以规范、公平社会主义市场经济的竞争环境，促进社会主义市场经济健康有序地发展。

三、在经济调节过程中，税收职能的独特性

由上面的分析，我们可以看到财政作为国家实现其职能的物质基础，在优化社会资源配置，平衡收入分配，调控经济增长，监督管理经济运行等方面都发挥着积极的作用，同时我们也看到，财政对社会经济生活进行调节的过程往往也伴随着税收的调整。税制结构反映的是国家税收分配体系的整体布局和总体结构，是根据国家的经济条件和发展要求设置的，它主要由税类、税种、税制要素和征收管理四个层次组成，它们之间又有主有次，相互协调，相互补充。税制结构在很大程度上体现了国家的治税思想，它设置的优劣直接关系到税收在经济调节过程中功能和作用的发挥；而在不同的时期，不同的税制结构又决定着税收分配活动不同作用的方向和范围，决定着税收调节杠杆在社会生活中的不同运用。目前世界各国流行的税制结构主要由税种结构、税收收入结构和税制要素结构三部分组成。

参考文献

[1] 李琼.新医改政策下医院财务管理和会计核算探讨[J].中国医院管理,2012(8):23–24.

[2] 郑升.新医改政策下医院财务管理和会计核算解析[J].现代经济信息,2015(16):14–17.

[3] 赵鸿铭.新医改政策下医院财务管理和会计核算研究[J].行政事业资产与财务,2016(16):32–33.

[4] 蓝文婷.新医改制度下公立医院财务管理信息化建设研究[D].南宁:广西大学,2012.

[5] 王安建.新医改政策的实施对医院财务核算、成本管理等方面的影响[J].世界最新医学信息文摘,2015(3):11–13.

[6] 杨科.天津市某三甲医院经济运行机制改革现状研究[D].济南:山东大学,2015.

[7] 沈宇钦.基于时间驱动作业成本法的医疗项目成本核算研究[D].杭州:浙江财经大学,2014.

[8] 田冰.公立医院引入注册会计师审计的有效性研究[D].北京:北京交通大学,2014.

[9] 王泽伟.新医改政策下医院财务管理内控制度的创新[J].管理观察,2016(9):27–28.

[10] 孙艺梅.在新医改政策下如何创新医院财务管理[J].财会学习,2016(6):25–26.

[11] 由希凤.新《医院会计制度》《医院财务制度》实施体会[J].中国城乡企业卫

生,2013(2):43–45.

[12] 金明广,陆富生.新医改下强化公立医院总会计师职责的实践与探讨[J].中国总会计师,2013(6):37–38.

[13] 赵鸿铭.新医改政策下医院财务管理和会计核算研究[J].行政事业资产与财务,2016(16):29–30.

[14] 李瑛.新医改背景下医院财务管理制度探究[J].中共银川市委党校学报,2016(1):7–9.

[15] 蒋丽娟.对新医改形势下医院财务管理模式的创新思考[J].财会学习,2016(1):46–47.